Y Th. 90

Prix : 60 c. THÉATRE SAINT-PIERRE Prix : 60 c.

Passage Saint-Pierre-Amelot, près le Cirque Napoléon et Bataclan.

ALLONS-Y !

REVUE EN QUATRE ACTES ET DIX-SEPT TABLEAUX

PAR

M. ALPHONSE LEMONNIER

BIBLIOTHÈQUE IMPÉRIALE IMPR.

DÉPOT LÉGAL Seine N° 71 1870

REPRÉSENTÉE POUR LA PREMIÈRE FOIS, A PARIS, SUR LE THÉATRE SAINT-PIERRE, LE 23 DÉCEMBRE 1869.

Mise en scène de M. AUBRY. Musique arrangée par M. DEGEORGES. Décors de Rivolet et Colignon. Costumes dessinés par M. GÉDÉON, exécutés par Mme GASPARD. Trucs et machines de M. CHARLES ROUGEOT.

PERSONNAGES DE LA PIÈCE :

Personnages	Acteurs
LAROUTINE	MM. FORESTIER.
UN GANDIN, L'HOMME QUI RIT, UNS PECTATEU	BONEL.
LE LORGNON, RABOLI, LE THÉATRE UTILE	HERBERT.
LE COUPLET, L'OBÉLISQUE, LORD GODSON, LORIN, UN RÉGISSEUR	MERCIER.
LE TURC, VALENTIN, UN CHEF DE CLAQUE	HENRY.
LE KIOSQUE, UN JEUNE PREMIER	RENNEVILLE.
LE SPHINX, UN MÉDEDIN UNE NOURRICE	BERROUX.
UN MARIN, UN CAPITAINE, RIENZI	MARCEL. RENNEVILLE.
L'HOMME A LA LANTERNE, UN MÉDECIN, PREMIER GARÇON, UN MARCHAND	PAILLION.
LE DIRECTEUR	LAVIALLE. HENRY.
UN MÉDECIN, UN GARÇON, UN MARCHAND	MM. STELLA.
LE RAPPEL, UN GARÇON,	LÉO.
LE PROGRÈS	Mlles GORDONI.
LA REVUE, L'ÉGYPTE, AMAZONE	JULIETTE.
1869, LA ROMANCE, LE BOULEVARD, MÉPHISTO, VERT-VERT, AMAZONE	V. ROLLAND.
LE THÉATRE SAINT-PIERRE, LA MUSIQUE. LES FOLIES-BERGÈRE, AMAZONE	HÉLOISE.
Mme VASIVOIR, LA REINE, LA TRAGÉDIE LYRIQUE	THÉRÈSE.
LA TACHE D'ENCRE, AMAZONE	AMBROISE.
L'HOTEL SPLENDIDE, LA PARODIE, LA MINISTRE	AURÉLIA.
LE MONDE COMIQUE, LE DRAME, LA GÉNÉRALE	Mlles HATTY-BULL.
LA RÉFORME, LA MER ROUGE, LA RUE RÉAUMUR, L'AMOUR, LE THÉATRE DU CHATEAU-D'EAU, AMAZONE	CAMILLE.
LE CHAPEAU TYROLIEN, LA RUE SCRIBE, LA MÉDITERRANÉE, AMAZONE	MATHILDE.
L'ISTHME DE SUEZ, LA DANSE, UNE GRUE, AMAZONE	L. BONNET.
LA PLUME DE PAON, AMAZONE	LÉONTINE.
UNE COCOTTE, AMAZONE	ANTOINETTE.
LA GALANTERIE, LA PYRAMIDE, LA NOUVELLE LANTERNE, AMAZONE	MURAT.
LA QUESTION, LA MOMIE, AMAZONE	LIA.

ACTE I

PREMIER TABLEAU

LA REVUE SE REPOSE

Le théâtre représente le boudoir de la Reine.

SCÈNE PREMIÈRE

LE COUPLET. *Il entre en scène et regarde si on ne l'écoute pas. Au public.*

Me reconnaissez-vous? Ennemi du sifflet
J'étais gai, j'étais vif, mon nom c'est le couplet,
Sur le public j'avais, on le sait, de l'empire,
Car on chantait toujours... ce qu'on n'osait pas dire
Maintenant, je le crois, j'ai l'esprit à l'envers,
Comme monsieur Grandier, voyez, je parle en vers.
Non je n'ai plus de voix pour vous dire la chose,
Je deviens paresseux, vraiment; je me repose.
J'étais las de chanter; c'était trop fatigant,
Ce métier de rimeur devenait énervant.
Aussi ai-je fait croire à ma chère maîtresse,
A la Revue aimée et qu'on fête sans cesse,
Qu'elle avait bien vieilli, qu'il serait très-prudent
Qu'elle se reposât au moins pendant un an.
Pour la persuader qu'elle était au plus mal,
Je lui fis lire hier l'article d'un journal,
Où l'on dit carrément que la Revue est morte,
Qu'il ne faut plus parler de pièce de la sorte.
Cette littérature a bien fini son temps
Et qu'on ne veut plus voir ses costumes brillants.
Ma très-chère maîtresse a pris au sérieux
L'article du journal. C'est par trop curieux!
Elle ne chante plus, elle devient mausade,
Elle a peur de mourir et se croit très-malade;
Bien mieux! et se plaignant de nouvelles douleurs,
Elle a mandé près d'elle au moins quinze docteurs.
Grâce aux mauvais conseils des maîtres en science,
Elle prendra le lit pour longtemps, je le pense.
Et moi, heureux alors, je le dis sans orgueil
Je ne quitterai plus un instant mon fauteuil.
Laissant vagabonder ma frivole pensée,
Je vais rêver en paix à ma vogue passée.

(On entend la Revue dire à la cantonade.)

LA REVUE. Couplet, mon cher Couplet, viens m'offrir ton bras.

LE COUPLET. Voilà, maîtresse, voilà!

SCÈNE II

LA REVUE, LE COUPLET, *la Revue entre donnant le bras au Couplet.*

LA REVUE.

AIR : *Geneviève.*

Oh! la! la! la la. (*bis.*)
Ami, j'ai bien de la peine,
Oh! la! la! la la. (*bis.*)
Ma perte parait certaine,
J'ai mal là,
Et puis là!
Ah! qui me calmera
De ce vilain mal-là!
Ah! qui me guérira?
Oh! la! la! (*bis.*)
De ce mal-là, (*bis.*)
Qui me guérira?

LE COUPLET. Allons courage, chère Revue, asseyez-vous ici.

LA REVUE. Couplet, regarde moi. Comment me trouves-tu ce matin?

LE COUPLET. Oh! bien pâlotte!

LA REVUE. Ainsi mes jolies couleurs ne reviennent pas?

LE COUPLET. Non, maîtresse; vous avez besoin de repos.

LA REVUE. Et les docteurs sont-ils venus?

LE COUPLET. Pas encore. Mais ils ne tarderont pas. (*On entend du bruit.*) Ah! je crois que ce sont eux! (*Allant à la porte.*) Oui!

LA REVUE. Enfin!

LE COUPLET. Entrez, docteurs, entrez!

SCÈNE III

LES MÊMES, LES DOCTEURS.

LES DOCTEURS.

ENSEMBLE.

AIR : *de Faust.*

Nous sommes les vieux médecins;
Consultations, grandes, petites,
C'est toujours les même refrains.
Pourvu qu'on paye nos visites.
Nous faisons avaler de tout.
Sur nous a-t on tort de médire,
Car, enfin, nous parlons beaucoup,
Parlons beaucoup pour ne rien dire.

PREMIER DOCTEUR. Où est la patiente? Non, je me trompe... c'est la malade que je voulais dire.

LE COUPLET. C'est à peu près la même chose. (*Montrant la Revue.*) La voici.

DEUXIÈME DOCTEUR. Madame, n'ayez pas peur.

TROISIÈME DOCTEUR. Si nous ne vous faisons pas de bien... nous ne vous ferons pas de mal.

LE COUPLET, *à part.* Je ne m'y fierais pas.

PREMIER DOCTEUR. Donnez-moi votre pouls,

DEUXIÈME DOCTEUR. Tirez la langue,

TROISIÈME DOCTEUR. Toussez fort.

LA REVUE. Oh! mais je ne puis pas vous obéir tous à la fois.

PREMIER DOCTEUR, *lui prenant la main.* Oh! oh! il y a de la fièvre!

LE COUPLET, *chantant.* « Une fièvre brûlante. » Comme dans Richard Cœur-de-Lion.

TROISIÈME DOCTEUR. Mais, Dieu me pardonne!... vous êtes beaucoup plus malade que vous ne le croyez.

LA REVUE. Vraiment?

DEUXIÈME DOCTEUR. Votre maladie est grave.

PREMIER DOCTEUR, *prenant une prise.* Certainement, je suis de l'avis de mes confrères. Il était temps que nous arrivions.

LE COUPLET, *à part.* Allons, je l'avais prévu.

LA REVUE. Vraiment, docteurs?... Vous êtes certains que ma maladie est dangereuse?

PREMIER DOCTEUR. Très-certainement.

LA REVUE. Et l'on peut en mourir?

LE DOCTEUR. On a vu cas plus extraordinaire.

(G)

LE COUPLET, *à part.* Comme ils consolent les malades!

AIR : *de Darcier.*

LA REVUE.

Pauvre revue,
Toi si connue,
Que le public voyait avec plaisir,
Quelle souffrance,
Lorsque j'y pense.
S'il te fallait hélas! déjà mourir!

Vraiment je sens tout mon corps qui se glace,
Mon mal germer et faire des progrès,
Rien qu'en songeant que j'ai perdu ma grâce
Et qu'avec moi va périr mon succès.

Belles soirées,
Si regrettées,
Bravos, rappels, lauriers cent fois bénis,
C'est sans réserve
Qu'avec ma verve,
Et mon esprit, je vous avais conquis.

Sans fatuité, je dis qu'avec mes pièces
Oui, j'ai sauvé plus de cent directeurs
En remplissant d'or leurs trop vides caisses,
En attirant chez eux les spectateurs.

J'avais des charmes;
Et que de larmes,
Si je partais, moi je ferais verser,
Car j'électrise,
Quoi qu'on en dise,
Le vrai public et ne peux le lasser.

Ah! sauvez-moi, docteurs, je vous en prie;
Entre vos mains je mets mon avenir,
Que par vos soins je retrouve la vie,
Je suis trop jeune et ne veux pas mourir.

REPRISE.

Pauvre Revue, etc.

LA REVUE. Oh! vous me faites frémir des pieds à la tête.

PREMIER DOCTEUR. Ne craignez rien. Seulement promettez-nous de ne pas sortir de chez vous de longtemps et de suivre notre ordonnance de point en point.

LA REVUE. Je vous le promets.

DEUXIÈME DOCTEUR. Confrère Boule d'Agneau... écrivez:

AIR : *La Périchole.*

Oui, pour calmer les maux
De la pauvre malade
Mettez-lui de bons mots
Dans de la limonade.

PREMIER DOCTEUR.

Pilules de couplets,
Sirops de calembours
Des décors à effets,
Ça fait du bien toujours.

3e DOCTEUR.

Puis pour la rafraîchir
Un très-léger costume;
Ça lui fera plaisir,
Et puis c'est la coutume.

TOUS.

La coutume, (à *fois.*)
Oui!

PREMIER DOCTEUR.

Joignez-y quelques doses
D'entrain, sans contredit
Pour bien faire les choses
Qu'ell' boiv' beaucoup d'esprit.
Sans contredit (*Bis.*)

CHOEUR.

Oui, pour bien faire les choses,
Qu'ell' boiv' beaucoup d'esprit,
Pour bien faire les choses,
Qu'elle boiv' beaucoup d'esprit. (*Bis.*)

PREMIER DOCTEUR. La consultation est terminée.

LE COUPLET, *à part.* En voilà pour vingt francs.

DEUXIÈME DOCTEUR. Et maintenant, il ne nous reste plus qu'à nous retirer.

TROISIÈME DOCTEUR. Nous reviendrons souvent.

PREMIER DOCTEUR. N'oubliez pas nos recommandations

LE COUPLET, *aux Docteurs.* Ne craignez rien; je m'en charge.

(*Reprise des chœurs des Docteurs. Ils sortent.*)

SCÈNE IV

LA REVUE, LE COUPLET.

LA REVUE. Allons, prenons-en mon parti Couplet.

LE COUPLET. Maîtresse...

LA REVUE. Donne-moi ma robe de chambre; c'est dit: je ne paraîtrai pas cette année.

LE COUPLET. Mais, que diront les théâtres?

LA REVUE. Ils diront ce qu'ils voudront. Je suis malade, je me soigne; et je ne sortirai pas pour un empire. (*On sonne.*) Allons, voilà que ça commence. (*On sonne.*) Encore... (*Bruit de sonnette.*) Ah! grand Dieu! va voir ce que c'est. (*Le Couplet sort.*) On ne peut pas être tranquille un moment.

LE COUPLET. Madame, c'est le théâtre du Châtelet, les Variétés, Déjazet...

LA REVUE. Que veulent-ils?

LE COUPLET. Ne le devinez-vous pas? une revue de fin d'année.

LA REVUE. Tu leur as répondu que ça n'était pas possible.

LE COUPLET. Oui, mais ils insistent.

LA REVUE. Ah! ils insistent; eh bien! qu'on leur ferme la porte au nez. (*L'Année 1869 apparaît par une trappe.*)

SCÈNE V

LES MÊMES, L'ANNÉE 1869.

1869. Bah! ils entreront par la fenêtre.

LA REVUE. Eh! mais... quel est ce nouveau venu qui se présente à moi sans s'être fait annoncer?... par où est-il entré?

LE COUPLET. Je l'ignore c'est peut-être un filou.

1869. Non, rassurez-vous, je suis tout simplement l'Année 1869.

LA REVUE. 1869?... Et que veux-tu.

LE COUPLET. Nous ne sommes ni sorciers, ni somnambules.

1869. J'ai appris que tu refusais de paraître cette année.

LA REVUE. Hélas!... ça n'est pas de ma faute... Je suis bien malgré moi condamnée au repos.

LE COUPLET. Certainement.

1869. Ainsi, moi, 1869, qui ai fait tout mon possible pour être intéressante, je mourrai tout uniment, sans que les vaudevillistes rendent compte de mes travaux?

LA REVUE. Je ne puis rien y faire.

LE COUPLET. Non, nous ne pouvons rien y faire! Passez votre chemin.

1869. Ah! mais, je n'entends pas que cela se passe comme ça. Je me révolte! je veux que tu fasses pour moi ce que tu as fait pour mes sœurs.

LE COUPLET. Elle veut qu'on la mette en pièce... pas possible!

1869. Pas possible?... ce mot-là n'est pas français!... Et pourquoi?...

LA REVUE. Nous sommes forcés de faire relâche cette année par indisposition.

1869. Indisposée, toi, la Revue?... qui t'a mis de pareilles idées dans la tête. Allons donc!... Regarde-toi... Tu es toujours fraîche et jolie.

AIR : *du Petit Faust.*

LA CHANSON D'ADOLPHE. — 3e ACTE.

Allons, ma Revue aimée,
Sans crainte relève-toi,
Car encore cette année,
Tu peux briller avec moi.
Certes tu n'es pas vieillie
Et possèdes tes attraits,
Fille de la fantaisie,
Tu ne vieilliras jamais. (*Bis.*)

2e COUPLET.
(*Même air.*)

Quitte ce vilain costume
Sans plus de façons, reprends,
Selon l'antique coutume,
Celui qu'on voit tous les ans,
Vêtue ainsi, l'on t'acclame,
Et tu fais toujours plaisir,
Le spectateur te réclame
Et t'attend pour t'applaudir. (*Bis.*)

LA REVUE. Oui, vous me dites cela pour me consoler... mais moi, je sais bien que c'est fini, ma jeunesse s'est envolée, et on n'est pas jeune deux fois!

1869. Vois toi-même. (*Aussitôt apparaît un grand miroir, et la Revue qui avait un costume simple, a un costume splendide.*)

LA REVUE. Un miroir?

1869. Regarde-toi.

LA REVUE, *se regardant.* Oh! ce n'est pas possible!... Je n'ai jamais été si jeune et si gentille!

LE COUPLET. Le fait est, madame, que vous êtes transformée des pieds à la tête! (*1869 étend sa baguette, et le Couplet change de costume.*)

LA REVUE, *le regardant.* Oh! toi aussi!...

LE COUPLET. Moi, quoi?

LA REVUE. Regarde?

LE COUPLET, *se regardant.* Ah! mais me voilà jeune et frais comme autrefois! (*à 1869*) et c'est à vous que nous devons ces beaux atours?

LA REVUE. Comment avez-vous pu?

1869. Ne suis-je pas un peu féerique? n'ai-je pas eu à mon service les talismans de la fameuse Poudre de Perlinpinpin? et de la merveilleuse Chatte blanche?

LA REVUE. Pour reconnaître vos bienfaits, que dois-je faire?

1869. Exaucer le vœu des théâtres et donner des ordres pour les revues de 1869. Parlez de moi, et tâchez de ne pas en dire trop de mal.

AIR : *du Petit Faust.* (La Puce.)

Dix-huit cent soixante-neuf
Ne se fait pas à la pose,
Pourtant il créa du neuf,
Faut bien créer quelque chose,
Dix-huit cent soixante-neuf
Obtint, obtint un succès bœuf! } (*Bis ensemble.*)
Je fus un peu querelleur,
M' disputant, m' battant sans vergogne,
J'ai fait, hélas!! par malheur
Beaucoup plus d' bruit que d' besogne,
C' qui fait que plus d'un railleur
A dit qu' j'étais un blagueur.
Oui, par mes inventions,
J'ai fait beaucoup de réclame;
J'ai créé des actions,
Ça n'est pas ça que l'on blâme.

Dix-huit cent soixante-neuf, etc.

Ainsi, c'est dit, vous consentez à nous donner des revues encore cette année.

LA REVUE. Je ne demande pas mieux; seulement, j'ai bien peur d'être mal accueillie par le public, ce dernier devient d'une exigence!...

1869. Allons donc! Utilisons nos dernières pincées de poudre. (*Il jette une pincée de poudre.*)

(*Changement à vue.*)

DEUXIÈME TABLEAU

LE PALAIS DES REVUES

Le théâtre représente un grand palais. Au fond des personnages de la revue sont groupés.

SCÈNE PREMIÈRE

LA REVUE, LE COUPLET, 1869.

LA REVUE ET LE COUPLET. Où sommes-nous?

1869. Dans le palais des Revues.

AIR :

Dans ce palais dorment en paix tes filles,
Dont le succès fut bien des plus complets,
Mortes toutes en dansant des quadrilles.
Pour épitaphe elles ont des couplets.
(*Allant de statue en statue.*)
Voici d'abord *le bonhomme Dimanche,*
Compère qui, par ses joyeux lazzis,
Amusa plus que notre *Chatte Blanche*
Et sans grands frais attira tout Paris.
Et puis voici: *Voilà c' qui vient d' paraître,*
Qui fit florès aux gais Délassements,
C'était naïf, me direz-vous... peut-être!
Qu'importe? Elle tint l'affiche longtemps.
Ensuite, c'est: *Suivez, suivez le monde!*
Vous allez voir... ce que vous allez voir,
Un peu plus tard chacun court à la ronde!

Pour bien applaudir : *Allez vous asseoir* ;
Puis : *Gare l'eau!* Revue centenaire
Vient égayer notre quartier latin ;
Aux étudiants elle dut longtemps plaire,
De Bobino leur montra le chemin.
Vive la joie et les pommes de terre!
V'lan! ça y est!— Ohé! les p'tits agneaux ;
Ces trois pièces, sans se faire la guerre,
Des spectateurs partagent les bravos.
Le Plat du Jour est un plat que l'on aime
Pour : *Lâchez tout!* chacun dit : *En avant!*
Allons, partons! *Allons-y tout d'même*
Ou bien encor : *Bah! allons-y gaiment!*
Puis viennent : *Les Hannetons de l'année*,
Mot de la fin, *Figaro*, puis *Gaulois*.
Quoique l'on dise la Revue usée,
Ces pièces-là marchent encore cent fois!
Oui, croyez-moi, ma Revue, on vous aime
Et votre esprit toujours réussira.
Pour l'applaudir on y viendra quand même
Avec plaisir *Tout Paris vous verra!* } *Bis.*

LE COUPLET. Oh! je ne sais ce que j'éprouve à la vue de tous ces personnages dénommés qui nous rappellent notre beau temps. Mais après avoir eu soif de repos, je sens mon courage qui revient subitement. Oui.. Je vais chanter... Mes rimes sont prêtes... Chère Revue, je puis vous l'avouer franchement, vous n'étiez pas aussi malade que vous en aviez l'air. — C'est moi, — moi, serviteur infidèle, qui vous avais mis de pareilles idées dans la tête.

LA REVUE. Ah! c'est toi?... Et dans quel but?

LE COUPLET. Dans le but de rester un an sans rien faire.

1869. Paresseux!

LE COUPLET. Mais je vais rattraper le temps perdu!

AIR : *Moi je chanterai.*

C'est pour honorer mon charmant costume,
Mes nouveaux atours, que je veux charmer
Tout comme autrefois ; je taille ma plume,
Et me voilà prêt, tout prêt à rimer.
Allez, commandez, maîtresse que j'aime,
Je suis votre esclave et j'obéirai.
Car je veux chanter et rimer quand même
Tant que vous vivrez, moi je chanterai! } *Bi*

1869. Allons, je vois que vous êtes dans de bonnes dispositions. Il ne me reste plus qu'à animer ces personnages qui serviront dans les revues.

1869.

AIR : *de Robert le Diable.*

Pantins, vous qui dormez, ouvrez donc vos paupières
Venez à nous! (*Bis.*)
Spirituels lutins, puis éternels compères
Animez-vous! (*Bis.*)

Les personnages s'animent.

CHŒUR.

AIR : *des trois chœurs du Petit Faust.*

LES FEMMES.

Oui, nous accourons près de vous,
Personnages épisodiques,
Pours dir' qu'il nous sera doux
D'entendre encor vos critiques.
Sans vous, non, rien nous ne pouvons
Sachez-le bien, Revue aimée,
C'est pour vous que nous paraissons
Une seule fois dans l'année.

LES HOMMES.

A vos ordres nous nous mettons,
Et sans faire plus de manières
Ce sont des rôl's que nous quêtons,
Car nous sommes vos vieux compères
Nous vous servons depuis longtemps
Disant vos vers et votre prose,
Rabâchant depuis cinquante ans
Pour vous plaire la même chose } *Bis.*

TOUS.

Pitié (*ter*) pour nous.
Vous le savez, chère Revue,
Notre obéissance est connue,
Faut-il nous mettre à vos genoux?

CHŒUR.

REPRISE ENSEMBLE.

LA REVUE. Merci, mes vieux amis. Ne craignez rien ; cette année encore je ne vous délaisserai pas... De mauvais plaisants ont fait courir le bruit que j'étais trop vieille et que je n'avais plus d'esprit. Je compte sur votre concours pour donner tort à tous ces faux propos. Soyez gais, soyez vifs et tâchez de trouver quelques nouveaux mots. Nou allons livrer une grande bataille. Il s'agit de vaincre et de ne pas mourir. N'êtes-vous pas mes soldats?

LE COUPLET. Aux armes!... allons, bon!... je me croyais à l'ancien Cirque!

LA REVUE. Approchez, mes vieux compères... venez près de moi, mes jolies commères... Toi, Polichinelle, tu vas aller au Châtelet. Tâche d'avoir de l'esprit comme un bossu. — Toi, mon vieux Valentin, qui as fait de l'effet aux Folies-Dramatiques, je t'expédie aux Délassements ; si tu fais rire au boulevard du Prince-Eugène, comme au boulevard Saint-Martin, tu es certain de ton succès. — Toi, à Déjazet. Tu peux, pour ce théâtre, garder ton bonnet de nuit! — (*A un autre.*) — En route pour les Folies. La distribution est faite. Je n'ai oublié aucun théâtre... (*Le théâtre Saint Pierre apparaît par le fond.— Changement.*)

TROISIÈME TABLEAU

SCÈNE PREMIÈRE

LES MÊMES, LE THÉATRE SAINT-PIERRE.

LE THÉATRE SAINT-PIERRE. Eh bien! et moi?

TOUS. Quel est ce petit jeune homme?

1869. Le théâtre Saint-Pierre remis à neuf.

SAINT-PIERRE. Ne suis-je pas ton protégé?— Ne m'as-tu pas donné la place de ton vieux Bobino?

LA REVUE. — C'est vrai, et j'allais t'oublier. Toi qui ne vis que par moi. Mais comment faire? J'ai distribué tous mes compères et toutes mes commères.

LE COUPLET. Ce sera pour une autre fois.

1869. Non. Je lui en réservais deux. — Regardez! les voilà... (*Le Progrès et la Routine apparaissent par une trappe. Ils sont immobiles.*)

SCÈNE II

LES MÊMES, LA ROUTINE, LE PROGRÈS.

SAINT-PIERRE, *voyant la routine.* Ah! comme il est vieux!... Il n'a pas servi depuis longtemps... (*Il prend un plumeau et le passe sur les deux compères. Ils deviennent neufs.*)

SAINT-PIERRE. Ah! qu'ils sont gentils! Mais ils ne bougent pas!...

1869. Il faut les remonter. Tiens, voici la clef!

SAINT-PIERRE. Voyons!... (*Il remonte les compères, qui s'animent peu à peu.*)

SAINT-PIERRE. Comment les nomme-t-on?

1869. Ils vont te dire eux-mêmes leurs noms.

AIR : *le Père Routine.*

Bonjour, mes petits enfants,
Vous r'connaîtrez, j'imagine,
Votre vieux père routine
Qui regrette bien son temps! (*Bis.*)

LE THÉATRE SAINT-PIERRE, *à l'autre compère.* Et vous?

LE PROGRÈS.

AIR : *du Petit Faust.* — 3e acte.

On me recherche, et de loin et de près,
Oui, devant moi, on se courbe à la ronde;
Prosternez-vous! car je suis le Progrès!
Roi tout-puissant qui gouverne le monde!

Refrain.

Mon cri partout doit retentir,
C'est en avant! marchons sans cesse,
Je suis le dieu de la jeunesse,
Et l'on m'appelle l'Avenir!

2

Sur mon chemin rien ne doit se placer,
Comment éteindre un feu qui me dévore?
Oui, de marcher je ne puis me lasser,
J'ai beau trouver, pourtant je cherche encore!

REPRISE EN CHŒUR.

Mon cri partout doit retentir! etc.

1869. Eh bien! que dis-tu de tes compères?

SAINT-PIERRE. Ils me vont comme plusieurs gants. Mais avant permettez-moi quelques recommandations.

LE THÉATRE SAINT-PIERRE.

Partez donc, la Routine; oh! mon joyeux compère
C'est l'instant de prouver ce que vous savez faire.
Ne vous occupez pas de ce qu'on vous dira,
Le Progrès, en ami, partout vous guidera.
Je vous ai choisi, vieux; j'ai bien fait, car je pense
Que pour juger!... on a besoin d'expérience.
Vous avez beaucoup vu!... je ne crois pas mentir
En disant que l'esprit a besoin de vieillir.
Pour être fort, allez, le bon sens vous patronne.
Frappez!... quand il faudra, non, n'épargnez personne!
Donnez-nous votre avis! ne soyez pas trop fin,
Parlez comme chez vous, soyez sincère enfin.
Démasquez les sauteurs!... vous en verrez sans doute
Qui viendront se placer vingt fois sur votre route.
Écartez donc de vous chaque sot imparfait,
Ne craignez pas de dire à tous ces gens leurs faits;
C'est en encourageant par de fausses paroles,
Que l'on fait naître, hélas! tant de choses si folles.
Jugez sincèrement, sans aucun parti pris,
Et s'il le faut, eh bien! critiquez vos amis!
Leur montrer leurs défauts, leur bêtise ou leurs vices,
C'est leur rendre, je crois, le plus grand des services!
Applaudissez souvent, mais sifflez quelquefois.
J'ai confiance en vous; vous avez douze mois
A passer en revue!... Il vous faut être agile
Pour ne pas vous tromper; épreuve difficile!
Sans viser à l'esprit, sachez vous montrer franc,
Et vous en sortirez avant peu triomphant!

LE THÉATRE SAINT-PIERRE. Bonne chance!

LA ROUTINE. Je tâcherai de réussir, afin que le public puisse bientôt s'écrier : Allons à Saint-Pierre!

TOUS. Allons à Saint-Pierre!

LE THÉATRE SAINT-PIERRE. Mais, avant de partir, je crois que c'est le moment de placer la ronde traditionnelle.

TOUS. Oui, la ronde!...

LE THÉATRE SAINT-PIERRE. Allez, la musique!

AIR : *Rocambole.*

I

Saint-Pierre est un petit théâtre
Où chacun peut avoir accès;
Jamais triste, toujours folâtre,
C'est l'enfant gâté du succès!
D' tous les points d' la capitale
On y vient l' soir en s'amusant,
Pour y prendr' sans façons sa stalle,
Sa stall' qui ne coûte qu'un franc!

REFRAIN.

Comme moi, bientôt, je l'espère,
Vous chanterez certainement;
Mes amis, allons à Saint-Pierre!
Nous en aurons pour notre argent!
(*Reprise et Coda.*)

CODA.

Allons, allons à Saint-Pierre, partons,
Allons au théâtre Saint-Pierre!
Allons, allons à Saint-Pierre, partons,
Au théâtre Saint-Pierre!

II

Chaque année a grandi sa gloire,
Ce sont chaque jour des bravos!
Il compte, dans son répertoire,
Des ouvrages vifs et nouveaux;
Et sa vogue est très-étendue,
Car il sait monter avec chic
Tous les ans sa grande revue,
La pièc' qui plaît à son public.
Comme moi, bientôt, je l'espère,
Vous chanterez certainement;
Mes amis, allons à Saint-Pierre!
Et Saint-Pierre sera content.

LA REVUE. Alors, en route! Et cette fois encore, tâchons de réussir!
TOUS. En route!

GRAND FINAL.

AIR : *des soldats de Faust :*

Allons vite, attaquons le final
Sur l'air de Faust, ça n' fera pas mal
On dira c' n'est pas original
Ça m'est bien égal (*Ter.*)
Partons pour Paris,
Mes chers amis,
C'est la rengaine habituelle,
Elle est éternelle;
Allons, amis,
Vite il faut partir pour Paris.

(*Les hommes seuls.*)
Il faut partir pour Paris.

(*Tous.*)
Bah! ça ne fait rien,

On n'entend rien,
Puisque l'on chante tous ensemble,
C' chœur, il me semble
Pour nous charmer,
Non, n'a pas besoin de rimer. (*Bis.*)
A la *Coda*... (*Pour finir.*) Ça m'est bien égal.
(8 *fois.*)

DÉFILÉ DES PERSONNAGES.

Changement à vue

PARIS A VOL D'OISEAU

ACTE II

CINQUIÈME TABLEAU

ENTR'ACTE

SCÈNE UNIQUE

LE RÉGISSEUR, *se présentant sur le devant de la scène.*

Pardon, messieur, pardon, mesdames... vous n'auriez pas vu monsieur le directeur... non, n'est-ce pas? voilà une heure que je le cherche et... Oh! ne craignez rien... le feu n'est pas au théâtre... Non... seulement c'est tout comme... un accident inattendu...

UN SPECTATEUR, *se levant.* Un accident, dites-vous, monsieur?

LE RÉGISSEUR, *au spectateur.* Oui très-grave... mais donnez-vous la peine de vous asseoir.

LE SPECTATEUR. Vous êtes bien bon... Voyons, mon cher Aubéry, expliquez-vous.

LE RÉGISSEUR. Tiens, il connaît mon gros nom ça me flatte... (*Au Spetateur.*) Vous êtes donc un habitué de Saint-Pierre, vous?...

LE SPECTATEUR. Pouvez-vous me le demander! J'ai vu cinquante fois... *Faut nous payer ça!* cent fois... *Tapez-moi là-dessus*, et cent dix fois... *Tout Paris la verra.* J'aime beaucoup les revues. (*Tirant sa tabatière. Au régisseur.*) En prenez-vous?

LE RÉGISSEUR, *allongeant le bras.* Avec plaisir; mais je reprends, non vous m'avez mal compris... je reprends mon récit et non du tabac.

LE SPECTATEUR. Donc vous cherchez monsieur le directeur.

LE DIRECTEUR, *dans l'orchestre des musiciens.* On me cherche?... qu'y a-t-il de nouveau?

LE SPECTATEUR. Coucou... ah! le voilà!...

LE DIRECTEUR, *au Spectateur.* Bonjour, monsieur... ça va toujours bien, vous êtes seul aujourd'hui?

LE SPECTATEUR. Oui, ma femme a un corps aux pieds.

LE DIRECTEUR. Et votr' sœur?

LE SPECTATEUR. Elle est... bien portante, merci. (*Tirant sa tabatière.*) En usez-vous?

LE DIRECTEUR. Non... laissez-moi vous offrir... j'en ai du frais. (*Il tire sa tabatière.*)

LE SPECTATEUR. Le mien ne l'est pas moins.

LE DIRECTEUR, *tendant sa tabatière.* Je vous en prie.

LE SPECTATEUR, *même jeu.* Je vous en supplie. (*Tous deux acceptent en se prenant mutuellement du tabac.*)

LE DIRECTEUR. Mais, pardon, il faut que je sache... (*A son Régisseur.*) Voyons, parlez, pourquoi me cherchez-vous.

LE RÉGISSEUR. Monsieur... il faut faire relâche... rendez l'argent.

LE DIRECTEUR. Rendre l'argent, moi, allons donc! Le directeur meurt... mais l'argent ne se rend pas.

LE SPECTATEUR. Ah! très-joli!...

LE DIRECTEUR. Enfin, dites-moi?

LE RÉGISSEUR. Monsieur, vos artistes, vos musiciens et vos machinistes viennent de se mettre en grève!

LE DIRECTEUR. Qu'entends-je?

LE RÉGISSEUR. Ils prétendent qu'ils ne veulent jouer que jusqu'à neuf heures du soir.

LE DIRECTEUR. Ah! bien, elle est mauvaise, celle-là!

LE RÉGISSEUR. Ils disent que les commis de nouveautés se sont révoltés pour la même cause.

LE DIRECTEUR. Elle est forte... à neuf heures? ces messieurs et ces dames veulent être libres... vous allez bien voir. Aubéry, prévenez ces messieurs et ces dames, que s'ils persistent je fais venir des artistes de province. (*Murmures derrière la toile.*) Hein! qu'est-ce que je disais. Je les connais ces gaillards-là il faut les prendre par la douceur... qu'on les mette tous à cinquante francs d'amende... (*Nouveaux murmures.*) Et maintenant faites fapper les trois coups on va commencer le deuxième acte, messieurs et mesdames, j'ai bien l'honneur de vous saluer... (*Il sort.*)

OUVERTURE.

SIXIÈME TABLEAU

CHEZ LE PROGRÈS.

Vaste décor avec les inventions. Des roues qui tournent. La statue de Guttemberg, une locomotive, etc.

SCÈNE PREMIÈRE

LE PROGRÈS, LA ROUTINE.

LE PROGRÈS, *entrant le premier.* Marche, marche toujours.

LA ROUTINE. Ouf!... j'en ai assez... avec vos: marche toujours, saperlipopette, je me fais l'effet du juif errant... avec ça que vous allez... que vous allez... Si nous courons comme cela, nous allons nous faire arrêter, on va nous prendre pour des caissiers.

LE PROGRÈS. Si je ne marchais pas si vite je ne m'appellerais pas le progrès...

LA ROUTINE. C'est vrai; mais ayez un peu d'indulgence pour la Routine qui n'a pas vos jambes.

LE PROGRÈS. Pauvre vieux, que tu m'amuses!

LA ROUTINE. Moquez-vous bien de moi... du reste ça m'est égal... Je sais que vous êtes mon ennemi le plus acharné, vous avez juré ma perte.

LE PROGRÈS. As-tu bientôt fini de rabâcher?

LA ROUTINE. Je rabâche moins que vous avec vos mortelles conférences. Oh! je me souviendrai de celle que vous avez faite au boulevard des Italiens... sur la chandelle et sur le café... comme c'était intéressant, je me suis endormi trois fois Tenez, je crois que je préférerais aller revoir les *Couteaux d'or* que de vous entendre encore faire des discours sur la vapeur, l'électricité... Vous n'avez que ces deux mots dans la bouche... elles sont jolies vos inventions, votre gaz qui saute, vos locomotives qui éclatent, vos fusils je ne sais plus quoi qui vous tuent cent hommes en trois minutes. Avec des inventions comme celles-là nous verrons bientôt venir la fin du monde.

LE PROGRÈS. Eh bien! après... ne vaut-il pas mieux vivre que de végéter?

LA ROUTINE. Ah! vous appelez ça vivre!

AIR : *de l'Œil crevé.* (*Qu'ils sont gentils!*)

Votre vapeur (*Bis.*)
Dans le monde entier fait fureur,
De la vitesse c'est la sœur.
On mène tout à la vapeur.
Des traditions de nos pères
L'on rougirait de se servir,
Et l'on traite, sans réfléchir,
Les plus importantes affaires.
Votre vapeur. (*Bis.*)
Maintenant c'est tout feu, tout flamme,
On dit que c'est perdre son temps
Que de surveiller ses enfants,
Et de sortir avec sa femme.
Votre vapeur. (*Bis.*)

LA ROUTINE. Mais où sommes-nous ici?

LE PROGRÈS. Chez moi...

LA ROUTINE. Certainement je suis forcé de convenir que vous n'êtes pas grandement logé, mais vous avouerez au moins que votre mobilier est original... partout des machines...

LE PROGRÈS. Eh bien! ne sommes-nous pas nous-mêmes des machines.

LA ROUTINE. Mais pourquoi m'as-tu amenée ici?

LE PROGRÈS. J'attends chez moi les actualités de l'année, et je tiens à savoir ce que tu penses de mes derniers enfants.

LA ROUTINE. Je comprends; il me faut continuer mon rôle de compère... ce rôle que je joue depuis si longtemps. Eh bien! soit... Seulement, je vous préviens que je serai juste, mais sévère.

LE PROGRÈS. Alors je frappe les trois coups. Un, deux, trois, paraissez.

SCÈNE II

LES MÊMES, LA PLUME DE PAON.

LA PLUME. *Me voilà...*

LA ROUTINE. Vous voilà...

LE PROGRÈS. La voilà...

LA ROUTINE. Quelle est cette dame si légère?

LE PROGRÈS. C'est une plume.

LA ROUTINE. Une plume... Le fait est que comme plumage elle ne laisse rien à désirer, ou plutôt elle laisse tout à désirer.

LE PROGRÈS. C'est la plume de paon fort à la mode cette année.

LA ROUTINE. Pourquoi êtes-vous en vogue?

LA PLUME. Je ne le sais pas moi-même.

LE PROGRÈS. C'est vrai... cependant on la voit partout.

LA ROUTINE, *lui prenant la taille*, Saperlipopette, on ne doit pas s'en plaindre.

LA PLUME. Voulez-vous bien me laisser, vieux déplumé!

LA ROUTINE. Cette plume est piquante.

LA PLUME.

AIR : *On n'en a jamais rien su.*

On me vend dans les rues,
Sur les plac's, de toutes parts,
On m' vend dans les avenues,
On me vend sur les boul'vards,
On m'achèt', je me résume,
Que voulez-vous, c'est reçu.

LA ROUTINE.

Que fait-on de votre plume?

LA PLUME.

Je n'en ai jamais rien su.
Ce que l'on fait de ma plume
Je n'en ai jamais rien su.

(*parlé.*) Je suis tout simplement une inutile oubliée dans la comédie de ce nom.

LA ROUTINE. Ma chère plume de paon, puisque vous vous êtes jugée vous-même je crois pouvoir me priver de vous dire ce que je pense. A une autre...

LE PROGRÈS. Paraissez!

SCÈNE III

LES MÊMES, LA NOUVELLE QUESTION ROMAINE.

LA ROUTINE. C'est comme chez Robert-Houdin, l'on n'a qu'à commander pour être servi à souhaits... (*à la Question*) Votre nom, mon enfant?

LA QUESTION. La nouvelle Question romaine.

LA ROUTINE. Espérons qu'elle est plus drôle que l'ancienne, qui ne l'était pas du tout.

LA QUESTION. Moi, au moins, je puis être utile à quelqu'un.

LE PROGRÈS. Et comment?

LA QUESTION. Je m'explique... (*à la Routine*) Supposons que malgré votre grandâge...vos cheveux blancs et vos fausses dents...

LA ROUTINE. Si vous vouliez être polie.

LA QUESTION. On n'est pas impolie lorsqu'on dit la vérité; du reste ne faites pas attention. J'admets donc que malgré votre vilaine tournure vous vouliez faire une déclaration à une dame.

LA ROUTINE. Quelle drôle de supposition.

LA QUESTION. Il va sans dire qu'elle fuira devant vous et vous plantera là pour reverdir, vous laissant à vos soupirs et à vos tirades.

LA ROUTINE. Eh bien! après?

LA QUESTION. Eh bien! avec ma question, elle vous écoutera, oui elle vous écoutera quand même... Vous allez voir (*A la plume de paon*)... Mademoiselle.

LA PLUME. Madame?

LA QUESTION. Regardez ce petit objet.

LA PLUME. Qu'est-ce que c'est que cela?

LA QUESTION. C'est un jouet à la mode... prêtez-moi un de vos doigts.

LA PLUME. Je veux bien vous le prêter, mais vous me le rendrez.

LA QUESTION, *lui passant l'objet au doigt*. Très-spirituel... Voilà qui est fait.

LA PLUME. Mais je suis prisonnière.

LA QUESTION. Vous l'avez dit...

LA PLUME. Ah! mais c'est que ça ne veut pas s'en aller...

LA QUESTION. Je le sais bien. (*A la Routine*) Comprenez-vous?

LA ROUTINE. Parfaitement...

LA QUESTION. Et que pensez-vous de moi?

AIR : *Adieu, je vous fuis, bois charmant.*

La question dont il est question,
S'achète, je le crois, sans peine;
Elle amusa la fashion
Au moins pendant une semaine.
De cet objet ingénieux
Dois-je dire ce que je pense?
Il prouve que nous sommes vieux
Et que nous tombons en enfance.

LE PROGRÈS. Je suis un peu de ton avis.

LA ROUTINE. Allons, ne perdons pas de temps... Continuons notre revue. A qui le tour?

SCÈNE IV

LES MÊMES, LE CHAPEAU TYROLIEN.

LE CHAPEAU, *apparaissant*. A moi!...

LA ROUTINE. Qui es-tu?

LE CHAPEAU. Eh quoi! naïf vieillard, tu oses me demander qui je suis.

LA ROUTINE. Je ne vois rien là de bien extraordinaire... tous les jours on rencontre quelqu'un qui vous dit: C'est moi. On lui demande: qui es-tu? parce que l'on ignore à qui on a affaire et...

LE CHAPEAU. Certainement quand ce quelqu'un n'est pas connu. Mais moi...

LA ROUTINE. Ah! vous... eh bien! riez de moi tant que vous voudrez, je vous le répète, votre binette m'est totalement inconnue.

LE PROGRÈS. Mais c'est le chapeau tyrolien.

LA ROUTINE. Mais il fallait le dire tout de suite au moins ça aurait été la même chose... puisque vous êtes tyrolien, il n'est pas étonnant que vous me soyez étranger.

LE CHAPEAU. Je suis tyrolien, soit; mais les Parisiens sont très-coiffés de moi... Ils m'ont adopté... et les Parisiennes donc!

AIR : *Petit Faust.* (Tyrolienne.)

Je suis le chapeau tyrolien,
Au beau sexe je vais bien,
On m'aime beaucoup,
On me porte partout,
Je ne manque pas de grâce.
Très-recherché sur la place,
Du beau chapeau tyrolien
On ne dit (*bis*) que du bien.
Oui, je fais beaucoup de tapage,
On ne parle plus que de moi,
C'est une folie, une rage,
Chacun doit subir ma loi.
Je suis léger, je suis commode,
Je trône surtout à Paris,
On me port', je suis à la mode,
Je coiff' les femm's, et les maris.
Ah! ah! ah! ah! ah!

LE CHAPEAU. Je vous le répète, monsieur, mon chapeau fait fureur, tout le monde en porte, les hommes, les femmes, les enfants...

LA ROUTINE. Et même les Auvergnats.

LE CHAPEAU. Ça n'est pas de l'amour que l'on a pour moi, c'est de la rage.

LA ROUTINE. Je comprends cela. Vous avez un petit air folichon qui ne manque pas de grâce. Enfin vous êtes un heureux mortel né pour coiffer.

LE CHAPEAU. Vous l'avez dit.

LA ROUTINE. Et j'ai bien fait de le dire, n'est-ce pas? sans quoi vous alliez le dire vous-même. Ce chapeau est modeste comme un compositeur de musique.

L'HOMME A LA LANTERNE MAGIQUE, *criant à la cantonade*. Lanterne magique! lanterne magique.

LA ROUTINE. Eh! mais voilà un organe qui ne m'est pas inconnu... Ah! c'est celui de l'homme à la lanterne magique. Ce bon ami qui me rappelle mon vieux temps.

LE PROGRÈS. Veux-tu que je le fasse venir?...

LA ROUTINE. Je ne demande pas mieux.

LE PROGRÈS. Eh! là bas, montez...

L'HOMME, *à la cantonade*. C'est pour de bon que vous m'appelez?

LE PROGRÈS. Mais certainement que c'est pour de bon.

LE CHAPEAU. En voilà une idée de faire venir cette vieille lanterne magique passée de mode.

LA ROUTINE. Sa vieille lanterne a vécu plus longtemps que votre chapeau ne vivra.

LE CHAPEAU. Je ne dis pas non... Ça n'empêche pas qu'elle est devenue rococo.

SCÈNE V

LES MÊMES, L'HOMME A LA LANTERNE MAGIQUE ET LA ROMANCE.

LA ROMANCE *traine une lanterne magique.*

LE PROGRÈS. Le voici...

LAROUTINE, *allant au-devant.*

AIR : *Bon jour, mon ami Vincent.*

Eh! mon vieil ami, bonjour.

L'HOMME, *avec joie.*

Mais c'est le pèr' Laroutine.

LAROUTINE.

Pour moi c'est un heureux jour.
De te revoir, j'imagine.
Que dis-tu de neuf?

L'HOMME.

Je ne dis rien, moi,
Sais-tu quelque chose? Voyons, parle, toi?
J'ai des cheveux blancs.

LA ROUTINE.

Et moi je grisonne,
Ça n' surprend personne,
C'est l'effet du temps,
Ça devait êtr' tel,
Il est bien réel
Que chaque mortel
N'est pas éternel.

L'HOMME. Ah! c'est égal, ça fait plaisir de se serrer la main.

LA ROUTINE. Mais tu as l'air bien triste, mon bon vieux, aurais-tu perdu...

L'HOMME. Ne m'en parle pas, tu vois un homme navré.

LE PROGRÈS. Comptez-nous vos peines.

L'HOMME. Ne les devinez-vous pas?

LA ROUTINE. Ma foi, non.

L'HOMME. Ma vieille lanterne magique est passée de mode; avec elle, je ne récolte plus un petit sou.

LA ROMANCE. Hélas!

LE PROGRÈS. Quelle est cette vieille dame qui vous accompagne avec plusieurs soupirs?...

LA ROMANCE. Qui je suis... Je ne sais vraiment si je dois vous le dire?

LE PROGRÈS. Pourquoi nous cacheriez-vous votre nom?

LA ROMANCE. Parce que ceux ou celles devant lesquels j'ai l'imprudence de me nommer se sauvent dès qu'ils savent qui je suis... Ils prétendent que je devrais changer les cordes de ma guitare. Ils m'appellent vieille raseuse.

LE PROGRÈS, *à part*. Ils n'ont peut-être pas tort.

LA ROUTINE. Eh bien! nommez-vous tout de même, nous vous promettons de vous écouter jusqu'au bout.

LA ROMANCE. Vous me le promettez bien sûr...

LA ROUTINE. Je vous le jure sur la tête du chapeau tyrolien.

LE CHAPEAU. Eh! dites donc l'ancien, vous pourriez en choisir une autre.

LA ROMANCE.

AIR: *Muse des bois.*

Amis, je suis la trop vieille romance
Dont les soupirs sont, hélas! superflus!
Oui, de mon cœur s'est enfuie l'espérance,
Et c'en est fait, l'on ne me chante plus.
Vous me voyez bien triste, désolée,
Car j'ai beau faire on repousse mes chants.
Ah! plaignez-moi, ma vogue est envolée:
Pour moi l'hiver remplace le printemps (*Bis.*)

AIR : *Bouquet fané.* (Paul Henrion.)

Le croirait-on? l'on dédaigne mes charmes,
J'aurais bien cru qu'on m'aimerait toujours,
Car j'ai chanté les baisers et les larmes!
Car j'ai chanté les fleurs et les amours!

RÉCITATIF.

Mais maintenant mes vers sont repoussés
Et les Parisiens de moi se sont blasés.
Adieu, charmantes mélodies,
Adieu, divines poésies,
On vous chasse, il vous faut partir,
Avec moi vous devez mourir!

AIR *de la Grâce de Dieu.*

Filles du ciel, muses charmantes,
Que la folie a fait enfuir,
Vous laisserez, étant absentes
Le doux parfum du souvenir.
Bien des succès sont éphémères
Pour les refrains de notre temps,
Mais les airs qui charmaient nos pères
Plairont encore à nos enfants.
Partez vers le ciel bleu.
Adieu, belles filles de Dieu!
Partez vers le ciel bleu,
Adieu, filles de Dieu,
Adieu, belles filles de Dieu.

LA ROUTINE. Pauvre romance, je vous plains... en mi bémol en sol mineur.

L'HOMME. C'est parce que je l'ai vue délaissée pour moi que je l'ai prise pour compagne. Nous sommes bien faits l'un pour l'autre, elle me conte ses chagrins, je lui narre mes peines, et nous pleurons ensemble des journées entières.

LE CHAPEAU. Voilà un petit ménage qui ne doit pas manquer de gaieté.

L'HOMME. Nous parlons de notre beau temps passé, te souviens tu? j'étais la joie des enfants...

LA ROUTINE. Et la tranquillité des parents.

L'HOMME. J'étais reçu dans les plus grands salons.

LE PROGRÈS. Comme frotteur...

LA ROUTINE. Comment l'entends-tu?

L'HOMME. Mes séances avaient du succès.

LA ROUTINE. Mais cela ne me dit pas pourquoi on t'a mis dans le tiroir aux oublis.

SCÈNE VI

LES MÊMES, LA NOUVELLE LANTERNE RÉCLAME. *Elle sort de la Lanterne magique qui est en scène et qui se transforme.*

LA NOUVELLE LANTERNE, *avec accent anglais.* Parce que je montre pour rien ce qu'il montrait pour de l'argent.

LA ROUTINE. Ah! vous montrez pour rien... pardon, dites-moi d'abord, je vous prie, à qui j'ai l'honneur de parler?

LA NOUVELLE LANTERNE. Je appe'ai moa, la Nouvelle Lanterne magique réclame, je me suis installée un peu partout... on s'arrête pour voir moa des heures entières.

LA ROUTINE. Oh! je comprenai, fort bien que l'on s'arrête pour voir vo... Allons! bon, voilà que je parle anglais aussi.

L'HOMME. Vous êtes une intrigante.

LA ROMANCE. Vous gâtez le métier.

LA LANTERNE. A être possible... mais ça m'est égal, je gagnai beaucoup d'argent et cela suffisait à moa.

LA ROUTINE. Expliquez-moi un peu?

TOUS. Oui, expliquez-nous?

LA LANTERNE. Ça être très-facile, regardez... (*La Lanterne magique du fond s'élève, on lit:*)
« M. Bobinard a trois jolies filles à marier,
» elles n'ont pas de dot, mais en revanche,
» étant d'une bonne famille, on a cru devoir
» ne pas leur apprendre de métier. Avis aux
» prétendants. Ils peuvent se présenter tous
» les soirs de huit à dix, rue des Rosières,
» n 41. »

LA ROUTINE, *après avoir lu.* Ah! elle est bien bonne...

LA LANTERNE. Ça n'est pas tout... regardez encore! (*On voit dans la Lanterne trois têtes de jeunes filles.*)

LA ROUTINE. Qu'est-ce que c'est que ça?

LE PROGRÈS. Les victimes de Boquillon, sans doute.

LA LANTERNE. Mais non... Ce sont les portraits des jeunes filles de M. Bobinard.

LA ROUTINE. Ah! bien, je crois qu'il aurait été plus prudent de ne pas les montrer.

LA LANTERNE. Le père n'est pas de cet avis. (*La Lanterne change, on lit:*)
« Maison de la rue du Pont-Neuf. Confec-
» tions pour homme. On rend l'argent. »

LA ROUTINE. Voilà une annonce que je ne comprends pas très-bien. On rend l'argent.

LE PROGRÈS. Oui, on rend l'argent quand les effets ne conviennent pas. (*On entend démolir des vitres.*)

LE CHAPEAU. Qu'est-ce que c'est que ça!...

LA LANTERNE. On démolit la maison.

L'HOMME. C'est le moment de filer.

CHŒUR.

Quel est ce tapage
Qui vient jusqu'à nous?
Pour fuir cet orage,
Vite sauvons-nous.

(*Après le chœur, tous sortent excepté le Progrès et la Routine.*)

SCÈNE VII

LA ROUTINE, LE PROGRÈS, LE KIOSQUE, LE RAPPEL, LE LORGNON, LA RÉFORME.

LE KIOSQUE, *entrant en courant.* Au secours... à la garde!...

LE RAPPEL. Veux-tu te taire, méchant braillard.

LA RÉFORME. Nous allons te mettre à la raison.

LE MONDE POUR RIRE. Tiens, je recommence... (*Il lui donne un grand coup de pied, bruit de vitres cassées.*)

LE LORGNON. Et moi je recontinue. (*Même jeu.*)

LE KIOSQUE. Vous avez cassé le verre de ma montre.

LE RAPPEL. Un mot de plus et nous te démolissons tout à fait...

LE KIOSQUE. Ah! c'est trop fort... Oh! oui, c'est trop fort.

LA ROUTINE. Ah çà! messieurs, pourquoi frappez-vous ce pauvre kiosque? que vous a-t-il fait?

LE KIOSQUE. Mais je ne leur ai rien fait, monsieur, je vous le jure sur *le Figaro*, mon journal de prédilection.

LA ROUTINE. Puisque ce malheureux est innocent, pourquoi le frappez-vous?

LA RÉFORME. Il faut bien passer sa colère sur quelque chose... ou sur quelqu'un...

LE PROGRÈS. Pauvre Kiosque, vous voilà bien arrangé.

LE KIOSQUE. C'est la troisième fois que l'on me fait réparer, et la troisième fois qu'ils me démolissent. Sur les boulevards on les entend tous chanter.

AIR: *les Petits Agneaux.*

Ohé! les petits agneaux,
Qu'est-ce qui cass' les kiosques?
Oui, c'est avec ces mots
Que chacun *s'acciosque.*
Qu'ai-je donc fait, moi
Qu'ils m'injurient, qu'ils m'attrapent,
Enfin qu'ils me frappent
Sans savoir pourquoi?

AIR: *la Bonne Aventure.*

Je suis un kiosque parfait,
Ma nature est bonne.
Je puis l' dir', j' n'ai jamais fait
De mal à personne;
Voyons, pourquoi me casser,
Me briser, me renverser.
Est-ce en frappant
L'innocent
Qu'on se révolutionne?

LE RAPPEL. Je crois qu'il raisonne, le maraud.

LA ROUTINE. Je dirai même, sans hésitation, qu'il raisonne plus juste que vos journaux, qui, depuis quelque temps ne savent pas toujours ce qu'ils veulent dire.

LE RAPPEL. Messieurs, je crois que cet inconnu nous insulte.

LA RÉFORME. Je ne le crois pas, j'en suis sûre...

LE LORGNON. Nous sommes quatre, il est seul... Si vous le voulez bien, nous allons lui administrer une de ces tripotées dont on parlera...

LA ROUTINE. Eh! là-bas, messieurs les casse-tout, et je saurai me défendre...

LE RAPPEL. Viens-y donc...

LE RAPPEL, *lui donnant une carte.* Voici ma carte.

LA RÉFORME. Voici la mienne.

LE MONDE ET LE LORGNON. Voici les nôtres.

LE KIOSQUE. Défiez-vous, mon bon monsieur, tous ces journaux-là sont méchants comme des ânes rouges.

LE PROGRÈS. Oui, je crois que tu t'es mis une mauvais affaire sur les bras.

LA ROUTINE, *à part.* Attends... je connais un moyen de les apaiser.

LE PROGRÈS. Lequel?

LA ROUTINE. Tu vas voir. Messieurs, je vous trouve totalement ridicules, vos articles ne sont pas de mon goût; je les trouve assommants comme vous-mêmes.

TOUS. Oh! c'en est trop!

LE PROGRÈS. Voilà un drôle de moyen.

LA ROUTINE. Mais pour vous prouver que je ne suis pas comme vous, c'est-à-dire que je n'ai pas de parti pris, je m'abonne pour un an à vos feuilles.

TOUS LES JOURNAUX. Ce cher ami (*Ils vont tous lui serrer la main.*)

LA ROUTINE, *au Progrès.* Hein! qu'est-ce que je te disais?

LE PROGRÈS. Tu aurais fait un fin diplomate.

LA ROUTINE. Maintenant que je suis des vôtres, dites-moi, je vous prie, vos noms.

LE LORGNON. Je crois que, quant à moi, il est inutile que je me nomme.

LA ROUTINE. Pourquoi cela?

LE LORGNON. Parce que vous devez me connaître.

LA ROUTINE. Au risque de passer pour le dernier des cuistres, j'avouerai humblement que votre trompette m'est totalement étrangère...

LE LORGNON. J'ai pourtant mis mon portrait sur ma couverture.

LA ROUTINE. Comment, vous êtes un journal et vous avez une couverture?

LE PROGRÈS. C'est peut-être parce qu'il est paru en hiver.

LE RAPPEL. Mais non, c'est plutôt pour réchauffer sa prose qui est un peu froide. Depuis du reste, on m'a dit que tu t'étais mis le lorgnon dans l'œil.

LE LORGNON. Si on peut dire... Monsieur, tel que vous me voyez, je suis le boulevardier le plus spirituel de la capitale.

LA ROUTINE. Allons, mon vieux, ne faites pas de fausse modestie avec nous.

AIR NOUVEAU.

Le lorgnon.

Vrai Parisien
A l'esprit vif, surtout caustique,
J' connais le moyen
D'arriver à me vendre bien,
Parodiant tout,
Jamais triste, toujours comique,
Mon style plait beaucoup
Et l'on le recherche partout.
Je suis un enfant
Du Figaro, comm' lui je cogne,
Comm' lui je suis franc.
Spirituellement méchant,
Aussi l'on me craint,
Chacun tremble; lorsque je lorgne,
On s' dit c'est certain,
L'on m'éreint'ra demain matin.
Vrai Parisien, etc.

LE LORGNON. Ma spécialité ce sont les mots... Voulez-vous que je vous fasse des mots? ça ne me donnera pas beaucoup de mal, allez...

LE MONDE COMIQUE. Avec ça qu'ils sont nouveaux, tes mots.

LE RAPPEL. Tu les chippes généralement dans les almanachs de 1830.

LE LORGNON. Eh bien! après... ils font leur effet tout de même: donc mon but est atteint.

LE PROGRÈS. Et vous vendez-vous beaucoup?

LA RÉFORME. Oui, un peu, grâce au Figaro qui lui fait de la réclame.

LA ROUTINE AU RAPPEL. Et vous.

LE RAPPEL. Je me nomme le Rappel.

LE PROGRÈS. Drôle de titre.

LE RAPPEL. Monsieur, tel que vous me voyez, je ne trouve rien de bien...

LA ROUTINE. Accepté votre style.

LE RAPPEL. Je renverse tout.

LA ROUTINE. Vous êtes donc bien fort?

LE RAPPEL. Mais oui, assez...

LE PROGRÈS. Et êtes-vous convaincu, au moins?

LA RÉFORME. Pas plus que moi, la Réforme... mais les lecteurs sont si naïfs qu'ils se laissent prendre et avalent nos tirades.

LE RAPPEL. Et avec ça le petit métier va.

LA RÉFORME. Nous amassons trente mille livres de rentes sans élever le moindre lapin.

LA ROUTINE. Pas bêtes les nouveaux journaux (*au Monde Comique*). Et vous, mon petit ami?

LE MONDE COMIQUE. Mois je suis le Monde Comique... aussi je ne fais pas de politique.

LA ROUTINE. Et vous avez bien raison.

LE MONDE POUR RIRE.

AIR *du Petit Faust.*

Faut bien rire (*Bis.*)
Faut bien s'amuser un peu, } *Bis en chœur*
Ça vaut mieux que de médire, }
Rir' toujours, voilà mon vœu.

LE MONDE COMIQUE.

Des musiqu' excentriques
L'on dit beaucoup de mal,

Aux Folies-Dramatiques
C'est parfaitement égal,
Car tout's les pièc's comiques
Ne leur font pas de mal.

REPRISE.

Faut bien rire, etc.

LE PROGRÈS.

L'autre jour une dame
Rencontre son mari
Avec une autre femme,
Jugez de son souci,
La voilà qui s'enflamme,
Mais le mari lui dit :
Faut bien rire, etc.

LA ROUTINE. Allons, messieurs les journaux, je vois maintenant que vous n'êtes pas aussi méchants que vous en avez l'air, et je ne me repens pas de m'être abonné à vos *feuilles*.

LE RAPPEL, *lui tendant la main*. Touche là, tu es mon frère.

LA RÉFORME. Et nous autres à l'imprimerie, rue du Croissant.

TOUS. En route !...

SCÈNE VIII

LES MÊMES, MADAME VASIVOIR, *et* TROIS FEMMES.

MADAME VASIVOIR, *se posant sur le passage des Journaux*. Vous ne sortirez pas.

LA RAPPEL. Hein ! qu'est-ce que c'est?

MADAME VASIVOIR. Ah ! je vous tiens enfin, voilà assez longtemps que je vous cherche.

LA RÉFORME. Vous nous cherchez, pourquoi ?

MADAME VASIVOIR, *jetant quatre gants*. Pour vous jeter à tous mon gant au visage.

LA ROUTINE, *au Progrès*. Cette dame doit être une gantière ou une femme du monde.

LE RAPPEL. Rendez grâce à votre sexe. Si vous étiez un homme!

MADAME VASIVOIR. Oui, je m'attendais à cette réplique; ainsi vous vous croyez le droit de nous insulter dans vos journaux, et, parce que nous sommes des femmes... de pauvres petites femmes, vous refusez de vous battre; mais ça ne se passera pas ainsi. J'ai le droit d'exiger de vous tous une réparation, et je l'exige.

LE PROGRÈS. Quelle gaillarde !

LA ROUTINE. C'est une lutteuse étoffée.

LE RAPPEL. Nous battre avec des filles d'Ève, vrai ça serait trop drôle.

MADAME VASIVOIR. Allons, pas de réflexion... et surtout pas d'excuses, je refuse d'en entendre, il me faut du sang. Vous êtes des manants qui vous conduisez comme des gentils hommes ; j'ai juré de donner une bonne leçon. Je vous laisse le choix des armes ; cela m'est égal, je tire l'épée comme Gâtechair, et je crève l'œil d'une mouche à cent cinquante pas.

LA ROUTINE. Bigre...

LES JOURNAUX. Vous êtes folle!

MADAME VASIVOIR, *tirant son épée*. Vous vous battrez malgré vous...

LA ROUTINE, *se sauvant au fond*. Eh! là-bas, je crains les éclaboussures.

LE PROGRÈS. N'aie pas peur, ma caille... et viens avec moi. (*Il l'entraîne et monte avec la Routine sur la locomotive.*)

LE MONDE COMIQUE. Défendons notre peau.

LES JOURNAUX. Allons, puisqu'il le faut.

LE LORGNON. Un duel ne me fait pas peur... surtout avec une femme... Laissez-moi seulement le temps de mettre mon lorgnon.

MADAME VASIVOIR. Allons, du sang-froid et surtout de l'adresse. (*Duel entre madame Vasivoir et le Lorgnon.*)

LA ROUTINE. Mais tous ces gens-là vont s'embrocher comme des canards.

LE PROGRÈS. Non, tu vas voir : (*Criant.*) Ah !

TOUS. Qu'y a-t-il?

LE PROGRÈS. La machine sur laquelle nous sommes va sauter. (*Il tire un petit pistolet de sa poche et fait feu; tout le monde sort effrayé. La Routine tombe à terre.*)

LE PROGRÈS. Ça n'est pas plus difficile que ça... Eh ! mais ce pauvre la Routine.

LA ROUTINE. Si je suis mort, dites-le-moi?...

LE PROGRÈS. Poltron, tu n'as donc pas vu que c'était une farce?

LA ROUTINE, *se relevant*. Ah! c'était une farce. Eh bien! vous m'avez donné un vrai trac... en voilà des plaisanteries qui sont de mauvais goût, et si vous en avez beaucoup comme celles-là dans votre répertoire, je vous fiche l'un joli cran.

LE PROGRÈS. Allons, remets-toi et continuons notre revue... Partons...

LA ROUTINE. Où cela?

LE PROGRÈS. A deux pas, à l'isthme de Suez; mais nous irons vite, nous voyagerons sur les ailes du Progrès. (*La locomotive part. Musique.*)

Changement à vue.

SEPTIÈME TABLEAU

L'ISTHME DE SUEZ.

Au fond la mer Méditerranée, le canal, les sables et le soleil empourprant l'horizon. Au premier plan des palmiers et une tente en riche étoffe de soie.

—

SCÈNE PREMIÈRE

L'ÉGYPTE *et* L'ISTHME, *puis la* ROUTINE *et* LE PROGRÈS.

L'ÉGYPTE, *regardant à l'horizon*. Ne vois-tu rien?

L'ISTHME. Non, ils se sont égarés. Pour l'un ça ne m'étonne pas; mais, l'autre le Progrès, c'est inconcevable. Ah! les voilà... Par ici !

LA ROUTINE. Ouf! ce soleil vous aveugle.

LE PROGRÈS. Quelle richesse de tons ! (*Il se cogne.*) Pardon, madame; mais que faites-vous là ?

L'ÉGYPTE. Nous vous attendons.

L'ISTHME. C'est nous que vous venez voir?

LE PROGRÈS. Quoi, vous seriez?...

L'ÉGYPTE. L'Égypte.

AIR : *Des Éphémères.*

Je suis l'Égypte, en remontant l'histoire,
C'est moi qui suis le plus ancien pays,
Déjà j'étais assise dans ma gloire
Quand vos aïeux du néant sont sortis.
C'est près du Nil, dans cette vaste plaine,
Que s'exerça d'abord l'esprit humain,
Des Sésostris la pompe souveraine
Aux Pharaons disputait le terrain.
Plus tard aussi je devins le théâtre
Des grands combats et des galants exploits.
Alors avec ma reine Cléopâtre,
Au monde entier je pus dicter des lois,
Assez longtemps on m'a fait croire morte,
Ma mort n'était qu'un très-profond sommeil,
Or, en ce jour où j'ouvre à tous ma porte,
C'est que pour moi c'est l'heure du réveil,
Car j'entrepris un travail gigantesque;
Voulant lutter avec les éléments.
Accourez tous, amis du pittoresque,
Voir si l'Égypte a tenu ses serments.
Je vois venir sur mes rives fertiles
Pour m'admirer tous les Européens,
Grâce à mon Isthme, œuvre des plus utiles,
Du monde entier j'élargis les chemins.
Je suis l'Égypte, etc., etc.

LA ROUTINE. Ah! vous êtes l'Égypte; mais, voyons : il y a la haute et la basse Égypte.

LE PROGRÈS. Niais, mais elle est les deux à la fois : la haute depuis là, et la basse après. *Il indique la taille de l'Égypte.*)

LA ROUTINE. Mais vous, mon enfant, qui êtes-vous alors?

L'ISTHME.

AIR : *Méli mélo.* (Suzanne Lagier.)

Je suis, messieurs, l'Isthme de Suez,
Un pauvre petit coin de terre
Entre Alexandrie et le Caire
Dans le pays des aloès,
C'est moi qui suis l'intermédiaire
Couvert de myrte, de romarin,
Entre la noire Afrique altière
Et l'Asie chère au pèlerin !
Mon territoire, des plus étroits,
S'étend bien loin entre deux mondes,
Et de deux mers on voit les ondes
Venir le baigner à la fois.
Un Français un jour eut l'audace
D'entreprendre un grand projet,
Projet digne de sa race.
Bientôt ce qui fut dit fut fait,
Il comprit que ma pauvreté
Ne pouvait pas durer sans cesse,
A lui je devrai ma richesse,
Grâce à lui je serai fêté.
De l'un à l'autre rivage
Je veux dans les sables nubiens,
Ouvrir un commode passage
Pour les navires européens.
Brisant par ce travail si long
Du vieux monde l'étroite enceinte,
Rapprochant sans aucune crainte
La Chine et l'antique Japon,
Sur le turf de l'Atlantique
Pour les coureurs du handicap.
Inutil' de doubler l'Afrique,
Inutil' de passer au Cap.
Les mois sont réduits à des jours,
L'on ne compte plus la distance
Et c'est ainsi, grâce à la France,
Que je suis riche pour toujours. } *Bis.*

LE PROGRÈS. C'est une finaude, qui en faisant une bonne œuvre a su faire une bonne affaire.

L'ISTHME. Tiens, les temps sont si durs et les dentelles coûtent si cher, que quand on jette son sable par-dessus les moulins, il faut en profiter.

LE PROGRÈS. Eh bien ! charmante Isthme, regardez-moi bien, je suis un de vos obligés.

L'ISTHME. Comment?

LE PROGRÈS. Oui, j'ai de vos obligations.

LA ROUTINE. Moi, je n'ai pas confiance, votre projet n'est pas neuf d'ailleurs.

AIR : *Apothicaire.*

Car je m'explique maintenant
Votre merveilleuse entreprise,
Croyez-moi, votre nouveau plan
Ne m'a causé nulle surprise.
On a déjà bien entrepris
Ce que vous avez voulu faire,
Il y a bien longtemps qu'à Paris
Nous avons le passage du Caire.

LE PROGRÈS. Laissez-le dire. N'est-ce pas aujourd'hui votre grande fête d'inauguration? Je ne vois personne.

L'ÉGYPTE. On vous attendait; tenez, écoutez... c'est toute la vieille Égypte qui se réveille pour venir vous faire honneur.

SCÈNE II

LES MÊMES, L'OBÉLISQUE *et* LE SPHINX.

LA ROUTINE. Mais c'est l'Obélisque !

L'ÉGYPTE. Oui, le dernier des Obélisques de Luxor.

LE PROGRÈS. Mais quelle démarche lente, quelle piteuse mine... ne pleure-t-il pas?

L'OBÉLISQUE. Oui.

AIR : *Complainte de Gil-Blas.*

Sous le beau ciel d'Arabie,
Pleurer, crier, bâiller,
S' désoler,
Ah! ah! ah! ah! ah! ah! ah ! ah!
Oui, voilà toute ma vie,
Et je m'en vais, hélas !
Au trépas !
Ah! ah! ah! ah! ah! ah ah! ah!
Car jadis j'avais un frère
Nous nous ressemblions tous deux,
Nous sortions de la mêm' carrière,
Et près de lui j'étais heureux.
Or le Kédive à la France
Un beau matin en fit présent,

Et depuis j' vis sans espérance
Car j' le pleure constamment !

Sous le beau ciel d'Arabie,
Pleurer, crier, bâiller, etc.

L'OBÉLISQUE. Ah! monsieur, vous qui venez de Paris, donnez-moi des nouvelles de mon frère... Où est-il? que fait-il? comment se porte-il!

LA ROUTINE. Mais je vous remercie, pas mal, et vous?

LE PROGRÈS. Séchez vos larmes, mon ami, votre frère est toujours à la même place sur son socle de granit et ses hiéroglyphes sont toujours la joie des badauds parisiens.

LA ROUTINE. As-tu jamais traduit ce langage-là, toi?

LE PROGRÈS. Je m'en serais bien gardé. J'ai remarqué parmi ces signes cabalistiques une foule de palmipèdes, de canards et d'oies sauvages, j'ai peur que la traduction ne soit pas très-flatteuse pour nous.

L'ÉGYPTE. Non, sur celui que je vous ai donné, il n'y a de gravé que l'histoire du *Crocodile et de la Jeune fille*, ballade égyptienne.

LA ROUTINE. Et dire que ce sont de pareilles légendes que nous entretenons à grands frais au milieu de notre plus belle place! Quelles mœurs dissolues que ces mœurs égyptiennes! j'en ai honte pour la pierre sur laquelle on a gravé cette escapade.

LE PROGRÈS. Va donc! elle en voit bien d'autres de son socle de granit, le soir, dans la grande avenue des Champs-Élysées depuis les promeneuses silencieuses jusqu'aux chanteuses décolletées des beuglants à la mode.

L'OBÉLISQUE. Pauvre frère!... Dieu veille sur sa pudeur! mais les gamins font-ils toujours des plaisanteries sur son compte! Horreur! ne m'a-t-on pas dit qu'on avait creusé un escalier dans l'intérieur?... et n'avez-vous pas institué la fonction de gardien de l'Obélisque?

LE PROGRÈS. Rassurez-vous, vertueux monolithe; l'escalier est une joyeuse plaisanterie; quant à la fonction de gardien, c'est une simple épithète pour désigner les amis de sinécures, les enfonceurs de portes ouvertes:

AIR : *On ne peut plus renouveler.*

Que de gens à nommer
Gardiens de notre obélisque,
Je le dis sans critique
Grands dieux! que d' gens à nommer!

LA ROUTINE.

Prenant des airs de militaire,
Un gandin qui fait le bretteur,
Quand il se bat, chez un traiteur
Conduit son adversaire,
Vite il faut le nommer, etc.

LE PROGRÈS.

Cet ennuyeux vaudevilliste
Qui fait des vers de mirliton,
Et des gloires du Panthéon
Prétend grossir la liste.
Vite il faut le nommer, etc.

LE TURC.

Au succès, bien qu'elle prétende,
La musique de l'avenir,
A personne ne fait plaisir.
Pour l'auteur je demande
Qu'on veuille bien le nommer, etc.

LE PROGRÈS. Mais vous, mon ami, qui bâillez là, qui êtes-vous?

LE SPHINX.

AIR : *Je volais bien.* (Fra Diavolo.)

Je suis le Sphinx. (*Bis.*)
Un des mystères de l'histoire;
Préparez tous votre mémoire,
Reconnaissez mon œil de lynx,
Je suis le Sphinx; (*Bis.*)
Je suis le dieu des logogriphes,
Voyez plutôt mes belles griffes,
Reconnaissez mon œil de lynx,
Je suis le Sphinx, (*Ter.*)
Je suis, je suis le Sphinx. (*Bis.*)
Je suis le Sphinx. (*Ter.*)

L'ISTHME, *au Progrès*. Méfiez-vous, c'est un raseur.

LE SPHINX. Comment, vous ne me reconnaissez pas, moi qui dans l'antiquité jouais les Hamburger et posais des questions à tous les malins?

L'ÉGYPTE. *Et qui dévorait ceux qui restaient cois.*

L'ISTHME. Il n'y a plus rien à craindre, il n'a qu'une seule corde à son arc, et depuis Œdipe, son unique question est éventée.

LE SPHINX. Demandez, faites-vous servir: anagrammes, charades, énigmes, logogriphes.

LA ROUTINE. Quel excellent collaborateur pour un journal de demoiselles, mais comme je comprends qu'on l'ait relégué au désert

LE SPHINX. Attention! quel est l'animal qui marche à quatre pattes le matin, à deux à midi et à trois le soir.

L'ISTHME. La, voilà..... c'est toujours le même.

LE SPHINX. Devine ou je te dévore.

LE PROGRÈS. Voyons, pas de bêtises, tu sais, mon petit père, à ce jeu-là je te rendrai des points; je fréquente le café de Suède, moi, ta question est vieille. Tu sais bien que c'est l'homme dans son enfance, sa jeunesse, sa vieillesse. Mais à ton tour, quelle différence y a-t-il entre une poire et un obélisque?

SCÈNE III

LA MOMIE. Je le sais, moi. Rhamsès III le disait à Rhamsès IV, lors de la troisième dynastie des rois de la haute Égypte.

LA ROUTINE, *au Progrès*. Tu vois comme tes mots sont neufs.

LE PROGRÈS. Mais quelle est cette nouvelle personne?

L'ÉGYPTE. C'est une de mes curieuses momies, une des mieux conservées.

LE PROGRÈS. Ah! oui, je la reconnais à ses bandelettes.

L'ISTHME. C'était la favorite d'un ancien Pharaon, elle a été bien aimée.

LE PROGRÈS. Madame le méritait bien. (*A part.*) Elle sent le camphre.

L'ÉGYPTE. Elle a 4537 ans et 11 mois; n'est-ce pas que c'est curieux?

LE PROGRÈS. Certainement, quoi que cela ne nous soit pas inconnu.

AIR : *la Corde sensible.*

Des momies (*Bis.*)
Laides, jolies,
On en voit en tous pays.
Cette engeance,
Même en France,
Est venue jusqu'à Paris.
Que de pécheress's connues,
Se trouvant sur le retour
Portent la sagesse aux nues,
Deviennent poseus's un jour!
Des momies, etc. (*Bis.*)

L'ISTHME.

Dans maintes académies,
En haine de tout réveil,
Combien aussi de momies
Dorment d'un profond sommeil!
Des momies. (*Bis.*)
Etc.

SCÈNE IV

LA PYRAMIDE. Et moi, ne parlerait-on plus de moi?

LA ROUTINE. Toi, je te reconnais, tu es la grande pyramide.

LA PYRAMIDE. Oui, j'ai lâché ma sœur pour accourir à votre rencontre, j'ai toujours aimé les Français.

LE SPHINX. Voyez, sa sœur ne vaut pas grand'chose, et elle vaut encore moins, c'est pour ça qu'on l'appelle la pire Amide.

LA ROUTINE. Cette pyramide me revient à moi, elle me rappelle les beaux jours de la France.

LE PROGRÈS. Tout ça c'est charmant, et j'en ai la berlue. Mais, après avoir vu toutes vos antiquités, n'allons-nous pas voir un peu votre Égypte moderne et vos indigènes actuels.

L'ÉGYPTE. Ce doit être eux qui s'avancent. (*Regardant au loin.*) Malheur, je me suis trompée, à terre ou nous sommes perdus. (*Bruit d'orage.*)

AIR: *le Simoun.* (Louis Abadie.)

Le ciel en flamme ici sur notre tête
Se teint en noir là-bas à l'horizon,
Le vent mugit et l'orage s'apprête
A soulever le sable en tourbillon.
Fils du désert, étrangers de tous âges,
Tous à genoux, périssez de terreur,
C'est fait de nous, prions avec ferveur.
Savez-vous bien quels sont ces noirs nuages?

(*Tous tombent à terre, à genoux, le front incliné sur la terre. Nuit à la rampe. Éclairs.*)

CHŒUR.

Oh! Mahomet,
Étendons tous les bras,
C'est le simoun
Qui s'avance là-bas. } *Bis.*

(*Le jour reparait, tous se relèvent.*)

L'ÉGYPTE. Le tourbillon est passé, nous sommes sauvés.

LA ROUTINE. Ouf! quelle peur!

L'ÉGYPTE. C'est toujours comme ça ici.

L'ISTHME. Vous demandez à voir l'Égypte moderne? vous allez être servis à souhait, car j'aperçois des indigènes qui s'avancent.

LA ROUTINE. Enfin, nous allons les voir ces enfants de la vieille Égypte, ces fils de Sésostris et des Pharaons, avec leurs riches costumes d'apparat, tout de soie et d'or.

SCÈNE V

LES MÊMES, UN TURC, UNE LORETTE.

(*Les monuments se rangent dans le fond. Le Turc est en redingote avec un fez.*)

LA ROUTINE. Comment c'est un Égyptien?

L'ÉGYPTE. Certainement.

LA ROUTINE. Mais ce n'est pas un homme, c'est une bouteille de chambertin, cachet rouge.

LE PROGRÈS. C'est un Turc moderne.

LE TURC.

AIR : *Premier Jour de bonheur* (3e acte) ou *John Bull.*

Je suis Turc, on l' voit bien,
Mais aussi Parisien,
Car je trouv' que Paris
Est un vrai paradis,
Mais aussi qu'ai-je fait?
J'achète tout en France,
Et bientôt, je le pense,
Je serai satisfait.
J'ai vendu mon turban
Et puis mon yatagan.
J'ai vendu mon chibouck
Et tous mes escarbouk,
Et j'achète à foison
De la confection,
De belles redingotes
Et des paires de bottes.
Maintenant l'on me prend
Pour un Français vraiment,
C'est charmant.
Mais aussi vraiment
Si je suis Égyptien,
Je suis Parisien,
Car je trouv' que Paris
Est un vrai paradis.
Mais aussi qu'ai-je fait?
J'achète tout en France,
Et bientôt, je pense,
Je serai satisfait,
Et j'achète à prix d'or
Tous vos meilleurs décors,
J'achète votre Offenbach
Et puis votre tabac,
J'achète vos plaisirs,
Et selon mes désirs
Je me prends de caprices
Pour vos grandes actrices.
Et maint'nant chacun me prend
Pour un Français vraiment,
Tant je deviens galant,
Oui, maintenant on me prend
Pour un Français vraiment.

LA ROUTINE. Ça ne fait rien, je regrette le vieux Turc avec son costume de marchand de dattes, ses étoffes brochées et ses babouches.

LE PROGRÈS. Laisse donc, tu n'entends rien aux affaires, toi, et tu ne défends pas les intérêts du commerce national.

LA ROUTINE. Mais du moins les vieilles

mœurs turques, vous les avez conservées, vous avez toujours des houris, et vos sérails, vos voluptueux sérails sont toujours en pleine activité.

LE TURC. Non, par Allah! mes houris ont pris la clef des champs; j'ai licencié mes harems, et je vous présente la personne que j'honore maintenant de ma confiance.

PAMÉLA. Oui, c'est moi, ne me reconnaissez-vous pas, Paméla, la petite Paméla? oh! je me souviens bien de vous, moi. Toi, mon petit père, je t'ai connu dans le monde, au Prado, près de la grille.

LA ROUTINE. En effet, attendez donc, mais que faites vous ici?

PAMÉLA. Ce que je fais ici? des cavaliers seuls... pardine, ne le savez-vous pas?

AIR : *Finale du quadrille d'Orphée.*

Il faut, dès qu'on a trente ans,
Quitter la capitale,
Car nos petits jeunes gens
Sont maintenant très-exigeants;
Malgré tout' sa prétention,
Faut maintenant qu'on détale
Aussi par compensation
On fait d' l'exportation.
D'abord j'étais
Recherchée au bois d' Boulogne
Et j'espérais
Avoir toujours du succès.
Profonde erreur,
On me lâche sans vergogne,
Mon pauvre cœur
S' trouv' sans possesseur.
J' cours aussitôt à Bade,
A Vienne, à Wisebade,
Puis à Monaco.
Mais, hélas! partout c'est niaco.
Enfin j'arrive au Caire,
Car sur toute la terre
Il n'est plus que les Turcs
Qui gob'nt nos trucs.

QUADRILLE.

(*Reprise du refrain.*)

LE PROGRÈS. Eh bien! qu'est-ce que c'est? la Routine, vous vous mettez à en pincer un, et cete vieille dignité?

LA ROUTINE. Ne m'en parlez pas... Cet air patriotique retrouvé ici à deux mille lieues de mon Paris, au pied des pyramides, ça m'a remué.

LE PROGRÈS. Je l'ai bien vu, vous faisiez vis-à-vis à madame... Une cocodette, l'héroïne du Gymnase, la Madone d'Ephèse... (des fez.) (*Dispute à la cantonade.*)

LA ROUTINE. Mais quel est ce bruit!... Que vois-je! un compatriote qui appelle au secours!

L'ÉGYPTE. Inutile, c'est un des touristes, un des voyageurs du grand train de plaisir... et le voilà...

SCÈNE VI

LES MÊMES, LE GANDIN TOURISTE.

LE GANDIN.

AIR : *L'infusion des omnibus.*

C'est indigne
Pour une ligne
D' plaisir à forfait!
Faut que j' conte,
Que je raconte
Tout ce qu'on m'a fait,
Car vraiment c'est curieux de voir tant d'abus.
Ah! on n' m'y repincera plus

Voyages d'agréments,
Pour douze cents francs,
Disait une grande affiche!
D' voir ça faut oser,
On doit s'amuser.
Ah ben! oui, je t'en fiche!

Douze cents, le voyage par terre, par mer, par chemin de fer, par caravane, avec la table et le logement à bord, en voiture, en wagon, sous la tente et jusque sur le chameau... Visite en Égypte, en Syrie... et dans le désert avec celui de Félicien David, au pied des Pyramides... C'était alléchant... Je pars... A peine sorti de Marseille, j'ai le mal de mer, je m'approche du capitaine et je vais pour lui parler... Mille noms de nom que voulez-vous, bagasse? qu'il me crie, moi je lui réponds: Capitaine, ne vous mettez pas en colère; qu'est-ce qui fait ici la loi, est-ce vous ou moi?... Je veux répliquer, il me fait descendre à fond de cale où je reste jusqu'à notre arrivée, moi qui me promettais d'admirer les bords de la Méditerranée et le site enchanteur de ses îles.

LA ROUTINE. Enfin la caravane se forme.

LE PARISIEN. La caravane se forme, on me hisse sur la bosse d'un dromadaire... Avez-vous été jamais à chameau, vous?... Non, n'est-ce pas?... Eh bien! n'y montez pas, c'est horrible; nous restons huit jours sans boire et manger que des biscuits. Ah! le désert, je m'en rappellerai... enfin nous arrivons au pied des Pyramides et je descends de mon chameau... Depuis huit jours que j'étais là, j'avais une envie... La honte m'avait retenu...pas un arbre...Une fois à terre, par exemple, je cours derrière la plus grande des pyramides... et j'allais, lorsque sur l'une de ses faces, qu'aperçois-je? ces mots : Il est défendu de déposer, etc., etc., ordonnance du 23 août 1836... Ma foi en dépit du respect des Pharaons, je continue; crac, un Turc apparaît, et me dresse un procès-verbal de contravention que je viens de payer... Ah! c'est le même prix qu'en France... dix-sept trente-cinq... N'est-ce pas que j'ai raison?...

C'est indigne
Pour une ligne
D' plaisir à forfait
Faut que j' conte
Que je raconte
Tout ce qu'on m'a fait.
Car vraiment c'est curieux de voir tant d'abus,
Ah! on ne m'y repincera plus.

LA ROUTINE. Mais l'heure avance... est-ce que la cérémonie n'a pas lieu?

L'ÉGYPTE. Si, écoutez ces salves d'artillerie.

LA ROUTINE. Oui, des pétards à deux sous.

L'ÉGYPTE. Eh bien! c'est l'arrivée des délégués de toutes les marines d'Europe.

SCÈNE VII

LES MÊMES, MATELOTS DE TOUTES NATIONS.

CHŒUR.

AIR : *O Neptune, dieu des eaux.*

O bel isthme, dans tes eaux
Reçois notre phalange!
O bel isthme, dans tes eaux
Accueille nos vaisseaux!

UN MATELOT. Français?... l'isthme de Suez, S. V. P.

L'ÉGYPTE. Le voilà...

LE MATELOT. Alors! allons-y!

Par ton entreprise audacieuse
Tu protéges les matelots
Contre la rage capricieuse
De la foudre comme des flots.
D'un monde à l'autre on nous transporte,
C'est une divine mission.
Oui, tu seras bientôt la porte
De la civilisation!

CHŒUR.

O bel isthme (*bis*), dans tes eaux (*bis*)
Reçois notre phalange.
O bel isthme (*bis*), dans tes eaux (*bis*)
Accueille nos vaisseaux.

L'ISTHME. Messieurs, ce serait certainement avec plaisir que je vous accueillerais dans mes eaux, mais je n'en ai pas encore...

L'ÉGYPTE. C'est vrai!... Le canal est prêt... et nous allons procéder à l'intrusion des eaux, en détruisant le dernier barrage qui, réunissait les deux continents... (*Elle livre son sceptre.*) Lâchez les mers.

SCÈNE VIII

LES MÊMES, LA MER MÉDITERRANÉE *et* LA MER ROUGE. (*Elles entrent en fureur et prennent l'Isthme chacune par un bras.*)

ENSEMBLE.

AIR : *Le Moujiek* (Lindheim).

Oh! oh!
On verra
Si mes eaux n'auront pas l'isthme!
Oh! oh!
On verra
Si mes eaux n'entrent pas là.
Je ferai s'il le faut
Preuve de mon héroïsme.
L'on m' verra bientôt
Dans ce pays m'écouler à flot.
Oh! oh!
On verra
Si mes eaux n'auront pas l'isthme,
Oh! oh!
On verra
Si mes eaux n'entrent pas là.

LE PROGRÈS ET LA ROUTINE, *s'interposant.* Calmez-vous, mesdames.

LE PROGRÈS. Voyons, soyez sages et dites-moi quels sont vos titres?

LA MÉDITERRANÉE. Je veux bien cette petite pécore... et j'ai résolu de ne pas m'en laisser accroire... (*Elles reprennent l'Isthme.*) D'abord il est à moi, cet enfant.

LA MER ROUGE. Ce n'est pas vrai, il m'appartient.

LE PROGRÈS. Gare au jugement de Salomon.

LA ROUTINE. Mais j'ai déjà vu ça, nous ne sommes plus en Égypte, nous sommes à la Porte-Saint-Martin, c'est la Tireuse de cartes!... et vous appelez ça l'union des mers?

L'ÉGYPTE. Avant l'union, il y a toujours la lutte... mais soyez sans crainte. (*Elle leur prend les mains et les entre-croise.*) Soyez unies, je le veux... et que désormais vos eaux se fusionnent pour le bonheur du genre humain... et la plus grande œuvre du dix-neuvième siècle d'or. (*On les unit avec une ceinture. L'Isthme est au milieu, en blanc.*)

LA ROUTINE, *montrant leurs jupes.* Mais c'est le drapeau tricolore.

LE PROGRÈS. Certainement, ne flotte-t-il pas sur toutes les grandes entreprises. (*Changement.*)

HUITIÈME TABLEAU

UN VAISSEAU FRANÇAIS

LE PROGRÈS, *aux Matelots.* Vous, amis et représentants de toutes les nations, accourus ici à ma voix, à la voix du Progrès, suivez cet exemple... c'est par des entreprises de ce ordre que nous arriverons à la fraternité des peuples.

AIR : *Chant des Travailleurs* (Pierre Dupont).

Vous dont le travail continuel
A développé l'intelligence,
Ayez un respect éternel
Pour toute humaine existence.
Nous qui savons le prix des pleurs,
Des regrets et de la souffrance,
Contre les sottes ardeurs
Formons une sainte alliance.

ENSEMBLE.

TOUT LE MONDE.

Unissons-nous et nous ferons
La joie et la paix du monde.
Que plus jamais le canon gronde.
Chantons, chantons,
Chantons
A la fraternité du monde.

UN MARIN.

AIR de *Surcouf.*

Pas un nuage au ciel, et la brise est sereine,
Dieu de son firmament assiste à nos transports,
Il bénit nos travaux, il comprend notre peine,
Et son soleil doré vient fêter nos efforts.
Suivons, suivons notre œuvre, et que la belle France
Tende la main à ceux qui veulent l'agrandir,
A ses joyeux enfants, toujours fiers, je le pense,
De travailler pour elle, afin de l'ennoblir.

(*Agitant son drapeau.*)

Car à tout l'univers demain nous pourrons dire :
C'est sur l'isthme de Suez, aujourd'hui si fêté,
Qu'au grand mât attaché, sur notre beau navire
Le drapeau de la France a le premier flotté (*bis*).

(*Reprise en chœur.*)

ACTE III

NEUVIÈME TABLEAU

LA TACHE D'ENCRE

Le théâtre représente le boulevard des Capucines en face l'hôtel splendide.

SCÈNE PREMIÈRE

PASSANT, DEUX MARCHANDS.

PREMIER MARCHAND. Demandez la nouvelle flûte à cinq sous, jouant tous les airs, même ceux de monsieur Offenbach.

DEUXIÈME MARCHAND. Demandez le programme de l'ascension du Pôle Nord, le plus grand ballon que l'on ait jamais vu...

PREMIER MARCHAND. Si tu ne me criais pas dans les oreilles, tu me ferais un sensible plaisir.

DEUXIÈME MARCHAND. La voie publique est à tout le monde, demandez le programme de l'ascension du ballon du Pôle Nord.

PREMIER MARCHAND. Si tu continues, je vais te l'enlever ton Pôle Nord.

DEUXIÈME MARCHAND, *se mettant en garde*. De quoi... viens-y donc, *faignant*.

PREMIER MARCHAND, *même jeu*. Ça ne va pas être long. (*Il va pour lui donner un coup de pied. La Routine entre et le reçoit.*)

LA ROUTINE, *se frottant*. Aïe! dans le mille!

PREMIER MARCHAND. Pardon, excuse, mon bourgeois, il ne vous était pas destiné.

LA ROUTINE. C'est peut-être pour cela que je l'ai reçu.

PREMIER MARCHAND. Je vous ai fait mal?

LA ROUTINE. Au contraire!...

PREMIER MARCHAND. Ça ne sera rien, en vous faisant frictionner par votre épouse... (*Il continue à crier.*) Demandez la petite flûte à cinq sous. (*Il sort.*)

SCÈNE II

LA ROUTINE, *seul*. Ma foi, ce diable de Progrès marchait si vite que je l'ai perdu en route... Ouf! (*S'asseyant sur un banc.*) Je n'en puis plus... Deux mille lieues en deux heures... Quel voyage!... j'en ai plein les omoplates... maintenant que j'ai perdu mon guide... je ne sais à qui m'adresser pour trouver mon chemin... d'abord où suis-je? (*Regardant.*) Ça m'a tout l'air d'un boulevard.

SCÈNE III

LES MÊMES, LE BOULEVARD DES CAPUCINES.

LE BOULEVARD, *entrant*. Tu l'as dit, c'est un boulevard...

LA ROUTINE. Oh! le joli petit monsieur, et il me tutoie; allons, il n'est pas fier. Monsieur, je dépose mes respects à vos jolis petits petons.

LE BOULEVARD. As-tu fini tes manières?

LA ROUTINE. C'est incroyable comme depuis la famille Benoiton les jeunes gens du monde ont une singulière manière de s'expliquer.

LE BOULEVARD. Ne demandais-tu pas tout à l'heure où tu étais?...

LA ROUTINE. En effet... vous m'avez entendu?

LE BOULEVARD. Tu es en plein dans mon domaine.

LA ROUTINE, *chantant*. Dans son dodo... oh! oh! dans son domaine.

LE BOULEVARD. Je suis le Boulevard des Capucines, ainsi nommé parce qu'on n'y trouve que des marrons d'Inde, monsieur.

LA ROUTINE. Dinde vous-même...

AIR : *Nadaud.*

Je suis fréquenté, car
Mon charmant boulevard
Est des plus élégants,
Et l'on n' s'y promène qu'en gants blancs
C'est le rendez-vous de la grande ville,
Celui que toujours on adoptera,
Car on y trouv' le nouveau Vaudeville,
Le grand hôtel, le nouvel Opéra,
Cafés et restaurants
Aussi chers que brillants,
Où l'on passe les nuits
A se tuer pour chasser ses ennuis.
Avouez-le, je fais très-bonne mine.
Mon boulevard est bien le plus coquet
On n'y trouv' le kiosque de Lapérine.
C'est encor moi qui loge le Jockey.
Aussi matin et soir
Le flâneur me vient voir.
Mes riches habitants
Pay'nt mes loyers jusqu'à cent mille francs.
Sur mon boul'vard on fait de la critique,
On parl' de bours', de théâtre et d'amour.
On caus' surtout beaucoup de politique;
Je connais tout's les nouvelles du jour.
Toutes les nuits j'entends
Des baisers, des serment,
Que c'en est énervant,
C'est toujours la même chose vraiment.
Mais défiez-vous de mes promesses,
Car très-souvent bien trompé vous seriez,
Et sachez que dans mes allées joyeuses
Les honnêtes femmes vont rarement à pieds.
Je suis fréquenté, car, etc.

LA ROUTINE. Eh bien! vrai, mon joli Boulevard, je ne vous aurais jamais reconnu, vous embellissez tous les jours.

LE BOULEVARD. N'est-ce pas? C'est la ville de Paris qui se charge de ma toilette, et vous voyez qu'elle fait bien les choses... Veux-tu que je te présente mes nouvelles rues?

LA ROUTINE. Je ne demande pas mieux.

SCÈNE IV

LES MÊMES, LA RUE SCRIBE *et* LA RUE RÉAUMUR PROLONGÉE.

LE BOULEVARD, *montrant la rue Scribe*. Voici d'abord la rue Scribe.

LA ROUTINE. Cette rue est fort jolie. (*La regardant*). Hein! comme on bâtit bien maintenant?

LE BOULEVARD. Tu trouves?

LA ROUTINE. Chère rue, vous avez un nom qui vous honore.

LA RUE SCRIBE. Et un théâtre qui fait parler de moi.

LA ROUTINE. Un théâtre?... Déjà!... comment l'appelez-vous?

LA RUE SCRIBE. Le théâtre de l'Athénée.

LA ROUTINE. Dans la rue Scribe!

LA RUE RÉAUMUR. Moi je suis la rue Réaumur prolongée.

LA ROUTINE. Oh! vous, je vous garde une chienne de mon chien...

LA RUE RÉAUMUR. Vous m'en voulez, et pourquoi?

LA ROUTINE. Vous êtes la cause de la démolition de mon vieux Vaudeville.

LE BOULEVARD. Eh bien! n'a-t-on pas remplacé le vieux Vaudeville par un nouveau beaucoup plus joli?

LA ROUTINE C'est égal.

AIR : *Je sais attacher des rubans.*

A la place de ce vieux monument
Oui, je n'ai vu que des flots de poussière;
De ce théâtre, hélas! que j'aimais tant,
Il ne reste plus une pierre,
Je peux le dir', car c'est la vérité,
Sa vieille salle avait encor' des charmes,
Et sur sa mort la déesse Gaîté
Certainement a du verser beaucoup de larmes,
Oui, sur sa mort la déesse Gaîté
A dû verser beaucoup de larmes.

SCÈNE V

LES MÊMES, LORD GODSON, UNE NOURRICE, UN ENFANT.

LORD GODSON, *à la Nourrice*. Je volais que vous suiviez moa, Nourrice.

LA ROUTINE. Quel est ce nouveau particulier?

LORD GODSON. Bonjour, monsieur, bonjour, mesdames, je étais dans le ravissement.

LA ROUTINE. On ne le dirait pas enfin.

LORD GODSON.
AIR : *Riflemen.*

Oh! yès, j'étais coutent,
J'avais un gros enfant;
Dans le ravissement,
Vous me voyez vraiment.
Mon fils, mes chers amis,
Obtint un premier prix.
En vérité,
Pour sa santé,
Il l'a bien mérité.

LORD GODSON. Oh! yès, je volais montrer le fils de moa à tout le monde.

LA ROUTINE. Personne ne vous en empêche.

LORD GODSON. Regardez-le, monsieur, et dites comme toute le Angleterre que ce être le plus joli enfant que l'on a vu jusqu'à ce jour.

LA ROUTINE, *regardant l'enfant*. Oui... certainement, il n'est pas mal, ce bébé, mais il n'a rien de bien extraordinaire.

LORD GODSON. Oh! si vous répétez encore ces paroles, je allai boxer vo tout de suite.

LA ROUTINE. Eh! là-bas, pas de bêtises. (*Au Boulevard.*) Il a un drôle de caractère, l'Anglais.

LORD GODSON. Mon fils a obtenu le prix de santé à l'unanimité.

LA ROUTINE. Cela prouve qu'il se porte bien... et voilà tout.

LORD GODSON. Oh! oui... il sera solide comme son père... Je suis solide, moi, monsieur... (*Il donne un coup de poing à la Routine.*) Voyez plutôt.

LA ROUTINE. Aïe! vous m'avez démanché l'épaule.

LORD GODSON. Je n'ai pas frappé bien fort... Voulez-vous que je recommence.

LA ROUTINE. Non... merci... c'est convenu... vous êtes solide... trop solide... Cet Anglais est fort comme un Turc... mais expliquez-moi comment il se fait que votre fils a obtenu le prix de santé...

LE BOULEVARD. C'est un concours qui a eu lieu dernièrement à Londres, où les enfants qui avaient une force surnaturelle obtenaient un prix.

LA ROUTINE. Si je comprends bien, en Angleterre on fait pour les enfants ce que nous faisons en France pour les bêtes.

LE BOULEVARD. Tu as compris?...

LORD GODSON. Oh! vo insulter le fils de moa... quoique fort, il ne peut demander raison à vo... mais moi son père je allai le remplacer...

LA ROUTINE. Mais non, mais non, ne vous emportez donc pas comme cela... votre fils est très-joli... Voulez-vous me permettre de l'embrasser?...

LORD GODSON. Je volai bien...

LA ROUTINE, *à part*. Allons, faisons contre fortune bon cœur. (*Prenant l'enfant des bras de sa nourrice.*) Viens, mon petit... Oh! qu'il est lourd... en effet... il se porte bien, ce gaillard... faites vite une risette... Ah! il rit...

LORD GODSON. Oh! oui, il riait très-bien... (*L'enfant pleure.*) Et il pleurait très-bien aussi.

LA ROUTINE. Oui, il pleure pas mal... Aïe! il me semble que...

TOUS. Quoi donc?...

LA ROUTINE. Oui... Ah! sapristi... elle est mauvaise, c'est fait pour moi.

LORD GODSON. Qu'est-ce que vous avez?

LA ROUTINE. J'ai... j'ai que votre fils a oublié avec moi toutes les règles de la bienséance.

LORD GODSON. Oh! cela arrivait à lui souvent.

LA ROUTINE. Alors vous auriez dû me prévenir... (*Le rendant à la nourrice.*) Tenez, nourrice, reprenez votre ballot.

LORD GODSON. Et moi je continuai à promener le fils de moa.

LA ROUTINE. Allez si ça vous amuse, ça ne me contrarie pas... (*Lord Godson reprend son air d'entrée et sort.*)

LA ROUTINE. C'est égal, cet Anglais peut être amusant; quant à moi, il ne m'a pas fait rire.

SCÈNE VI

LES MÊMES, *moins* LORD GODSON, *puis* L'HOMME QUI RIT.

L'HOMME QUI RIT. Vous avez eu tort, monsieur, de ne pas rire... Il fallait faire comme moi, je ris de tout... parce que je ne peux pas faire autrement.

LA ROUTINE. C'est bien dommage que vous ne puissiez pas faire autrement, car je vous assure que vous n'êtes pas beau quand vous riez...

LE BOULEVARD. C'est l'Homme qui rit.

L'HOMME QUI RIT.

AIR : *La Foire aux Idées* (Dache.)

On m'appelle l'homme qui rit,
Je ris de tout sans contredit.
C'est sans me flatter que je dis :
Moi, j'ai fait fureur à Paris,
Je n'sais si l'on m'a bien compris,
Un peu troubles sont mes récits,
De moi plus d'un critique a dit :
Il nous faut pleurer lorsqu'il rit.
Je ressemble à Quasimodo,
Moins une bosse dans le dos,
Comme lui je ne suis pas beau,
Mais aussi je ne suis pas sot,
Je nomm' mon auteur aussitôt,
Il s'appelle Victor Hugo.
Son style, devenu rococo,
Par moments, est encore fort beau.
On m'éreinte passablement,
Mais mon éditeur est content,
Car son fameux livre se vend
Et lui rapporte de l'argent,
Je dois vous l'avouer pourtant,
Entre nous là bien franchement,
De l'homme qui rit le roman
Parfois n'est pas très-amusant,
C'est moi qui suis l'homme qui rit, etc.

REPRISE ENSEMBLE.

LA ROUTINE. Expliquez-moi donc, monsieur, pourquoi votre auteur vous a appelé l'Homme qui rit?

L'HOMME QUI RIT. Oh! monsieur, c'est toute une histoire en quatre-vingt-deux chapitres. Je commence : Ier chapitre.

LE BOULEVARD. Dis donc, mon vieux, si tu voulais aller raconter tes aventures sur un autre boulevard.

L'HOMME QUI RIT. La lune blanchâtre jetait sur la terre sa pâle et brillante clarté. La brise caressait les arbres de son souffle aussi lourd que léger... les oiseaux endormis chantaient les derniers cantiques du Créateur.

LA ROUTINE. Pardon, pardon, entendons-nous bien; votre lune blanchâtre qui jette sur la terre sa pâle et brillante clarté ne me semble pas claire du tout; — si elle est pâle, elle n'est pas brillante, votre brise avec son souffle aussi lourd que léger, et vos oiseaux endormis qui chantent,— s'ils sont endormis ils ne peuvent pas chanter.

L'HOMME QUI RIT. Mais je le sais bien...

LA ROUTINE. Alors dites-moi pourquoi le sachant, vous commettez ces contre-sens?

L'HOMME QUI RIT. Pour faire des phrases.

LA ROUTINE. De mauvaises phrases.

L'HOMME QUI RIT. Enfin, vous me discutez, avouez pourtant comme tout le monde que mon auteur a fait preuve de talent en écrivant mon ouvrage.

LA ROUTINE. Ça n'est pas moi qui vous démentirai.

AIR : *les Chevaliers de la Table Ronde.* (Hervé.)

Certes je ne peux pas nier,
La valeur des derniers ouvrages
D'un très-illustre romancier
Auquel on doit de belles pages.
Mais ce qui me navre vraiment,
Entre nous je le certifie,
C'est de ne voir que du talent,
Chez un grand homme de génie,
Oui, je ne vois que du talent,
Pas de génie!

SCÈNE VII

LES MÊMES, LE PROGRÈS.

LE PROGRÈS, *entrant.* Bravo Laroutine, tu te dérouilles... et je suis de ton avis.

LA ROUTINE. Je croyais bien vous avoir perdu tout à fait... et je me croyais perdu moi-même sans l'aide de ce bon Boulevard des Capucines...

LE PROGRÈS. Tu étais entre bonnes mains. (*Bruit à la cantonade.*)

LA ROUTINE. Qu'est-ce encore, grands dieux!

LE BOULEVARD. Ce sont les statues du nouvel Opéra qui se chamaillent entre elles. C'est tous les jours ainsi...

SCÈNE VIII

LES MÊMES, LA DANSE, LA TRAGÉDIE LYRIQUE, LA MUSIQUE, LE DRAME (*en statues.*)

LES STATUES.

AIR final (1er acte) du *Petit Faust.*

Vite, ah! bah, l'intrigante
Qui trouva pour réussir
Une cause violente,
Il nous faut la démolir.
Il a fallu qu'un cancre,
Un soir sur elle ait jeté
Une bouteille d'encre
Pour fair' sa célébrité.

LE BOULEVARD.

Mais dites-moi, qu'avez-vous
Et d'où vient votre courroux,
Vos regards de flammes!
Allons, mesdames,
Pas de coups,
Calmez-vous,
Vous pourrez vous critiquer,
Sans vous battr', vous expliquer,
Nous vous écout'rons
Et nous vous jugerons.

REPRISE EN SEMBLE.

Vite, ah! ah! etc.

LE BOULEVARD. Voulez-vous vous taire à la fin, ou je vais chercher un marteau et je ne fais de vous que des miettes.

LA TRAGÉDIE. Nous briser!... allons donc, nous sommes solides.

LA MUSIQUE. C'est pas d' la pierre ça, c'est du marbre.

LA ROUTINE. Mais enfin, mesdames les statues, après qui en avez-vous?

LE DRAME. Après la dame qui nous a damé le pion et qui a employé pour nous étouffer un moyen aussi noir que violent.

LA DANSE. Ça n'est pas de ma faute... si je suis célèbre... et puis d'abord, avant mon avénement on me trouvait déjà plus belle que vous toutes.

LA TRAGÉDIE. Plus indécente, tu veux dire!

LE DRAME. On ne peut pas te regarder sans rougir.

LA ROUTINE. Sans rougir de plaisir.

LA MUSIQUE. Non, de honte.

LA ROUTINE, *à la danse.* Mais qui est-ce qui a fait votre grand succès?

SCÈNE IX

LES MÊMES, LA TACHE D'ENCRE.

LA TACHE. Eh! parbleu... c'est moi.

LA ROUTINE. Que vois-je! mais c'est une négresse.

LE BOULEVARD. Non, c'est une tache.

LA ROUTINE. Une tache?

LE PROGRÈS. Une tache d'encre.

LA ROUTINE. Je ne comprends pas bien...

LE PROGRÈS. Tu ne comprends jamais.

LA TACHE. C'est grâce à moi que le groupe Carpeaux a réussi... C'est ma tache qui lui a valu son grand succès.

LA ROUTINE. Ah! oui, j'ai entendu parler de vous... mais enfin quelle idée avez-vous eue d'aller vous incruster sur ce joli groupe.

AIR DE: *M. de Georges.*

Salir ce groupe merveilleux,
C'est une action de vandale,
Disant qu'il offensa les yeux
C'est vous qui faites le scandale.
Oui, chacun blâme la noirceur
Qui vous fait dégrader cette œuvre.
Tandis qu'avec votre liqueur
Vous pourriez écrire un chef-d'œuvre,
Un vrai chef-d'œuvre.

LA TACHE. Il n'a pas eu à s'en plaindre. Et puis, que voulez-vous, les Parisiens s'ennuyaient, j'ai voulu les amuser un instant en leur servant quelque chose de nouveau.

LA ROUTINE. Une tache d'encre, je ne vois pas que ça soit bien intéressant.

LE BOULEVARD. C'est possible, mais...

AIR : *Il nous faut de l'amour.* (Belle Hélène.)

Pour s'amuser, pour se distraire
Un rien suffit en tous les temps,
Car les mortels de cette terre
Ne sont, hélas! que des enfants.
Pour jouer il leur faut
Un rien... une bêtise,
Un objet laid ou beau
A leur guise,
Il nous faut du nouveau, (*Ter.*)
C'est leur seul devise.
Nous voulons du nouveau,
Donnez-nous de nouveau.

REPRISE.

SCÈNE X

LES MÊMES, L'HOTEL SPLENDIDE.

L'HOTEL, *entrant.* Vous avez raison. Vive le nouveau.

LA ROUTINE. Quel est ce gracieux personnage?

LE BOULEVARD. Mon splendide hôtel que j'inaugure cette année.

L'HOTEL. Splendide est le mot, monsieur; mes salons sont dorés, mes couverts dorés, mes serviettes dorées, mes nappes dorées, mes lits dorés, tout est doré chez moi.

LA ROUTINE. C'est une nouvelle maison dorée. J'ai une bonne réputation.

LA ROUTINE. Et une ceinture dorée — c'est bizarre.

L'HOTEL. A mes lustres sont suspendus de véritables diamants.

LA ROUTINE. En effet, vous ne devez pas manquer de brillant... mais vous avez dû dépenser beaucoup d'argent.

L'HOTEL. Pas moi... mes actionnaires.

LA ROUTINE. Et qu'est-ce qui payera tout cela?

L'HOTEL. Parbleu! mes locataires.

LA ROUTINE. Charmant! ça vous donne envie de louer tout de suite.

L'HOTEL. Parlez, faites-vous servir; j'ai plusieurs entresols qui vous tendent les bras.

LA ROUTINE. Et combien vos entresols?

L'HOTEL. Trois mille francs.

LA ROUTINE. Par an...?

L'HOTEL. Oh! non.

LA ROUTINE, *effrayé.* Par mois.

L'HOTEL. Par jour.

LA ROUTINE. Saperlipopette! ça n'est pas moi qui vous étrennerai... et malgré ces prix-là?

L'HOTEL. Tous mes appartements sont déjà retenus; ah! dame! j'ai fait deux cent mille francs de réclame.

LA ROUTINE. Deux cent mille francs de réclame!

L'HOTEL. Et je ne m'en trouve pas plus mal pour ça.

LE BOULEVARD. Elle a raison!

AIR : *Petit Faust* (la Blanchisseuse.)

Car dans une grande entreprise
Pour attirer les curieux,
Il faut, quoi que l'on en dise,
Jeter beaucoup de poudre aux yeux.
Le Parisien est bizarre,
Par lui pour se faire adopter,
Il faut entrer sans crier gare!
Il faut tâcher de l'épater.
Pan, pan, pan,
En avant,
Sans cesse
Battons la grosse caisse!
Eh! oui-da,
C'est comme ça
Que toujours l'on réussira.

REPRISE.

Pan, pan, pan, etc.

L'HOTEL. Et maintenant, que ceux qui veulent voir mes splendides salons me suivent.

LA ROUTINE. Merci, c'est trop cher pour ma bourse.

L'HOTEL. Comme vous êtes compagnon du progrès, je veux bien vous loger à l'œil.

LA ROUTINE. A l'œil. Ce petit est très-distingué et j'accepte.

L'HOTEL. J'offre justement à dîner à deux braves marins qui partent demain à la recherche d'un nouveau monde, *le Pôle Nord.*

LA ROUTINE. Le Pôle Nord. Oh! mais il y a longtemps que j'entends parler de ce voyage, et me trouver avec des gens qui vont l'entreprendre sera un véritable plaisir pour moi.

L'HOTEL. Alors suivez-moi et passez devant.

REPRISE EN CHŒUR.

Pan, pan,
En avant!
Sans cesse,
Battons la grosse caisse.

(*Sortie et changement à vue.*)

DIXIÈME TABLEAU

L'HOTEL SPLENDIDE.

—

SCÈNE PREMIÈRE

TROIS GARÇONS.

L'un est étendu sur le canapé; l'autre est à cheval sur une chaise; le troisième fume un cigare, appuyé à la cheminée.)

PREMIER GARÇON. Avez-vous lu *le Gaulois* d'aujourd'hui?

DEUXIÈME GARÇON. Oui... très-joli.

TROISIÈME GARÇON. Et l'article que tu as envoyé à ce journal?

DEUXIÈME GARÇON. Je n'ai pas encore reçu de réponse, mais je suis certain qu'il obtiendra le prix.

PREMIER GARÇON. Cette idée de concours est assez originale.

TROISIÈME GARÇON. Je suis de votre avis. (*Se versant un verre de liqueur.*) A votre santé messieurs, c'est de la chartreuse...(*On entend sonner.*)

PREMIER GARÇON. Je crois que l'on a sonné.

DEUXIÈME GARÇON. Bah! un locataire qui a besoin de quelque chose.

TROISIÈME GARÇON. Les autres iront.

DEUXIÈME GARÇON. Nous sommes ici cent garçons.

PREMIER GARÇON. Il est vrai que nous n'en faisons pas plus les uns que les autres.

DEUXIÈME GARÇON. Si, il y a quelques zélés.

TROISIÈME GARÇON. Toujours les mêmes.

PREMIER GARÇON. Ces gens-là perdent notre métier. (*On entend du bruit.*) Oh! du monde (*regardant*), c'est le patron et deux étrangers Ayons l'air d'être très-occupés. (*Tous prennent des plumeaux et époussètent.*)

SCÈNE II

LES MÊMES, L'HOTEL SPLENDIDE, LA ROUTINE, LE PROGRÈS.

L'HOTEL, *entrant*. Entrez, messieurs.

LA ROUTINE. Saperlipopette! votre logement ne manque pas de chic. Voilà un petit papier qui vaut plus de douze sous le rouleau.

LE PROGRÈS. Ça n'est pas un hôtel, c'est un palais.

L'HOTEL, *à ses garçons*. Eh bien! les locataires arrivent-ils?

PREMIER GARÇON. Tout est loué! Comme dans les omnibus, complet! complet!

L'HOTEL, *à la Routine*. Qu'est-ce que je vous disais!...

DEUXIÈME GARÇON. Il ne nous reste plus que trois tiroirs de commode.

L'HOTEL. Vous les louerez cent francs par jour.

LA ROUTINE. Cent francs par jour des tiroirs!...mais pour ce prix-là j'aurai la commode entière au lieu d'avoir le tiers de la commode.

L'HOTEL. Que veux-tu?

AIR : *Déjazet, le Gaulois.*

Magnifique et très-cher,
Ce nouveau dicton nous guide,
Vous voulez du splendide,
Il vous faut payer très-cher.
Un théâtr' fait des dépenses,
Pour monter un' pièc' je dis,
Qu' pour payer ses frais immenses,
Il lui faut doubler ses prix.
Magnifique, etc.

LE PROGRÈS.

Nous n'avons plus de grisettes,
Et l'on achète l'amour,
Maintenant à des lorettes,
Qui port'nt des rob's de velours.
Magnifique, etc.

LA ROUTINE.

Du luxe voici les preuves,
On démolit tous les jours
Les vieill' maisons et les neuves,
Hélas! augmentent toujours.
Magnifique, etc.

LA ROUTINE. C'est égal...

AIR : *Le premier pas.*

Dans mon vieux temps j'aurais pu dir' naguère,
Ah! mes enfants! nous n'avions pas d'argent;
Et cependant c'était tout le contraire,
Dépensant peu l'on n' s'ennuyait guère,
Dans mon beau temps! (*bis*).
Dans mon vieux temps nous avions des théâtres,
Où l'on avait sa stalle pour un franc;
On y voyait des pièces très-folâtres.
Qui nous rendra tous les joyeux théâtres
De mon vieux temps? (*bis*)
Dans mon vieux temps nous avions des maîtresses,
Minois charmants, fraîches comme un printemps;
Ell's dédaignaient les bijoux, les richesses,
Se contentant de nos folles tendresses,
Ah! mes enfants!
C'était l' bon temps.

LE PROGRÈS. Allons, laisse là tes vieux souvenirs... le passé est mort, place au présent, place à l'avenir.

LA ROUTINE. Tu as ma foi raison... Eh bien! nous disons donc que c'est ici que nous allons loger?

L'HOTEL. Oui, c'est ici.

LA ROUTINE. C'est peut-être un peu élégant pour mes goûts modestes.

L'HOTEL. Bah! il faut accepter les mobiliers comme ils viennent.

LA ROUTINE. Tu as raison, et j'avoue que le dîner que l'Hôtel splendide a eu l'honneur de vous offrir était tout simplement chocnosoff. Je parle comme le Progrès.

LE PROGRÈS. Mais vous nous aviez annoncé ces jeunes gens qui allaient partir à la recherche d'un nouveau monde.

L'HOTEL. Ah! oui, du *Pôle Nord*.

LA ROUTINE. Où sont ces Christophes Colomb de l'avenir? (*Bruit.*)

L'HOTEL. Justement je les entends.

SCÈNE III

LES MÊMES, UN MARIN, L'AMOUR *en costume de voyage*, LA GALANTERIE, LA POESIE.

ENSEMBLE.

AIR : *Des pages, Chilpéric.*

Nous partons tous à la ronde,
Car notre but, le voici :
Nous voulons voir si l'autre monde,
Est meilleur que celui-ci.

LE MARIN.

Amis, mon cœur,
Rempli d'impatience,
A l'espérance
Se livre avec bonheur.

REPRISE.

Nous partons tous, etc.

LE PROGRÈS. Messieurs, recevez mes sincères compliments, vous allez gaiement entreprendre un voyage dangereux, votre but est noble et grand.

LA ROUTINE. Je partage l'opinion de mon compagnon, et je vous demande que vous m'accordiez l'honneur d'un serrement de main.

LE MARIN. Comment donc, monsieur!

L'HOTEL. Ainsi, vous êtes bien décidé?

LE MARIN. Très-décidé. Notre souscription est close; demain nous serons au Havre, et à la grâce de Dieu.

AIR : *Le voyage aérien.* (NADAUD).

Enfin notre beau bâtiment,
Est tout prêt à se mettre en route;
Avec patience il attend
Que nous le dirigions sans doute.
Dans quelques jours il va partir,
Nous entraînant bien loin, je pense.
Partant sur l'aile d'un zéphir,
Il va dévorer la distance.
Mes amis, déjà je me vois,
Sur une mer furieuse;
Dans mon cœur pas le moindre effroi,
Et mon âme est calme et joyeuse.
Vogue en paix, j'aperçois là-haut
Sourire la douce espérance;
Ce sourire dit : qu'il est beau
De donner un monde à la France!
Mon cœur s'inonde de plaisir,
Je me dis faisant ce voyage,
Qu'importe si je dois mourir
Pour offrir un tel héritage?
Si je meurs moi simple mortel,
Je laisserai sur cette terre
Un nom béni presque immortel,
Qu'on gravera sur une pierre.
Et le Pôle Nord restera,
Je l'aurai payé de ma vie;
Bah! suis-je le seul qui sera
Mort glorieux pour sa patrie!

LA ROUTINE, *ému*. Ah! tenez, jeune hommes vous m'avez ému jusqu'aux larmes. Mais serait-il indiscret de vous demander de me faire connaître ceux qui vous accompagneront bientôt dans ce périlleux voyage?

LE MARIN. Qu'ils se présentent eux-mêmes!

L'AMOUR.

AIR : *Orphée aux enfers.*

Je suis Cupidon, Dieu des amours,
Voyez je me mets en voyage;
Pour faire fêter mes atours,
Je vais sur un autre rivage.
Paris me délaisse,
Pleurs superflus,
Car la jeunesse
Ne s'y trouve plus,
N'existe plus (*bis*),
La jeunesse ne s'y trouve plus.

AIR : *C'est l'amour.*

Oui, l'amour (*bis*),
A Paris ne sait plus plaire,
Hélas! on n'y trouve guère
Des gens se faisant la cour.
On paie l'amour en calèche,
En or, en bijoux, en cadeaux;
L'on ridiculise nos flèches,
Et mes soupirs sont toujours faux.
Ce qui me désespère
C'est qu'à mes chers amants,
Vénus, ma tendre mère,
Fait payer ses serments.
Car l'amour, etc. (*bis*).

REPRISE.

Aux traditions l'on se dérobe,
On n'dit plus j'vous aime, fi donc!
On dit simplement je vous gobe.
Avez-vous l' sac? on répond :
Non, plus de sérénade,
Chanter sous un balcon,
Tout ça c'est d' la cascade,
Des airs de mirliton.
Car l'amour, etc.

Oui, monsieur, à Paris on me tourne en ridicule dans les opéras bouffes. Aussi je suis démodé et je vais au Pôle Nord, où j'espère que l'on me prendra au sérieux.

LA GALANTERIE. C'est comme moi.

LA POÉSIE. Et comme moi.

LE PROGRÈS. Vous?

LA POÉSIE. Je suis la poésie.

LA GALANTERIE. Et moi la galanterie.

LA POÉSIE. Du moment que l'Amour part...

LA GALANTERIE. Nous devons partir aussi...

LA POÉSIE. Nous suivrons Cupidon.

LA GALANTERIE. Fût-ce même au bout du monde.

LA POÉSIE. Et plus loin encore.

LA GALANTERIE. Si c'était possible.

L'AMOUR. Merci! mes fidèles compagnons. N'ayez crainte, nous retrouverons notre beau temps dans ce nouveau pays.

LE MARIN. Alors en route!

TOUS. En route!

ENSEMBLE.

Nous partons tous à la ronde,
Car notre but le voici :
Nous allons voir si l'autre monde
Est meilleur que celui-ci.

(*Tous sortent, sauf la Routine, le Progrès, l'Hôtel*).

SCÈNE IV

LA ROUTINE, LE PROGRÈS, L'HOTEL.

L'HOTEL. Allez mes enfants, et bon courage!

LE PROGRÈS. Bah! leur but est noble, ils réussiront.

LA ROUTINE. C'est égal... Si ce qu'on m'a dit sur le Pôle Nord est vrai... j'aime mieux être dans ma peau que dans la leur.

L'HOTEL. Que vous a t-on dit?

LA ROUTINE. Ce qu'on m'a dit. Ah! bien

on m'a assuré... que ce pays n'était habité que par des ours blancs...

L'HOTEL. Eh bien ! on les aprivoisera...

LA ROUTINE. Laissez-moi donc tranquille... ces bêtes-là n'entendent pas la plaisanterie. Ils ont généralement une manière d'entamer la conversation qui la termine tout de suite. Ne parlons plus de ça... brrr... je me vois avec ces braves gens sur une mer de glace... le navire qui se brise... pour sûr je vais en rêver...

LE PROGRÈS, *souriant.* Tiens, c'est une idée.

LA ROUTINE. En parlant de rêves, il est tard; j'ai bien diné, je suis éreinté et je me coucherai volontiers...

L'HOTEL. Qui vous en empêche ? vous êtes chez vous.

LA ROUTINE. Je ne vois pas le moindre lit à l'horizon.

L'HOTEL. Qu'à cela ne tienne. Deux lits, servez chauds. (*Les lits paraissent.*)

LA ROUTINE. Oh! oui, deux lits bassinés ne me bassineront pas...

L'HOTEL. Voyez, l'on n'a qu'à parler pour être servi.

LE PROGRÈS. Ton hôtel est parfaitement machiné...

L'HOTEL. Bonne nuit. Si vous avez besoin de quelque chose, vous sonnerez...

LA ROUTINE. C'est convenu. (*L'Hôtel sort.*)

SCÈNE V

LE PROGRÈS, LA ROUTINE.

LA ROUTINE. Décidément ce petit hôtel es bien élevé.

LE PROGRÈS. Elevé de cinq étages.

LA ROUTINE, *se déshabillant.* C'est drôle, malgré moi je pense à ces gens qui vont de gaieté de cœur risquer leur existence pour découvrir un monde qui n'existe peut-être que dans leur imagination, comme si nous n'avions pas assez de monde comme ça... la terre est déjà trop vaste pour le mal que l'on s'y fait...

LE PROGRÈS. As-tu bientôt fini de philosopher là-bas tout seul dans ton coin?

LA ROUTINE. Il faut vous dire que chaque fois que je me déshabille... je philosophe. C'est une habitude que j'ai prise en voyant jouer M. Félix, du Vaudeville. (*Regardant le Progrès qui est couché et qui dort.*) Tiens, vous vous couchez avec vos effets. Après ça, vous en avez si peu que ça ne vaut vraiment pas la peine. Sapristi : je n'ai pas de bonnet de coton... Ah! mon mouchoir. (*Se promenant.*) C'est très-beau cet hôtel... seulement il vous manque un tas de choses. (*Cherchant.*) Non... je ne vois pas... faut-il sonner... ma foi, je n'ose pas déranger le garçon pour lui demander... c'est égal... c'est incommode... (*Se couchant.*) Bah! une mauvaise nuit est bientôt passée... Ah! c'est doux là-dedans... On n'a pas ménagé la plume. Bonsoir, Progrès... il ne répond pas... Il est déjà dans le royaume de Morphée... ces jeunes gens, ça dort tout de suite. Ah! soufflons la bougie; ça y est... de ce Pôle Nord qui traverse mon cerveau... je vais en rêver, c'est sûr. Pauvres jeunes gens... en reviendront-ils ! Oh! les ours... les glaces... mais qu'est-ce qu'il peut y avoir là-bas ?... qui sait peut-être... dame ! ça se pourrait bien... *Il s'endort. Musique.*)

ONZIÈME TABLEAU

Le fond s'ouvre. On voit un vaisseau en mer, puis des glaces.... des ours....la mer devient mauvaise. —Orage...., La mer se calme et redevient belle. Changement à vue.

DOUZIÈME TABLEAU

UN POLE NORD DE FANTAISIE.

SCÈNE PREMIÈRE

LE PROGRÈS la LA ROUTINE, *tous deux couchés sur un banc de gazon.*

LA ROUTINE, *dormant.* Monsieur l'ours, je vous en prie, soyez gentil, passez votre chemin... Si vous me mangez, ne me faites pas trop souffrir... mettez-y des formes... (*S'éveillant.*) Hein !... Quoi ?... au secours !

LE PROGRÈS. Qui est-ce qui braille de cette façon ? Comment, c'est toi, la Routine ?

LA ROUTINE. Oui, c'est moi. (*Regardant autour de lui.*) Tiens, il n'est plus là !

LE PROGRÈS. Qui ça ?

LA ROUTINE. L'ours, parbleu.

LE PROGRÈS. Quel ours ?

LA ROUTINE. Tiens... je rêvais sans doute, j'avais le cauchemar.

LE PROGRÈS. Mais où sommes-nous ?

LA ROUTINE. J'allais vous poser la même question.

LE PROGRÈS. Ah ! un poteau.

LA ROUTINE. Voyons. (*Allant au poteau et lisant.*) Pôle Nord.

LE PROGRÈS. Nous sommes au Pôle Nord !

LA ROUTINE. Tiens, vous avez deviné ça tout de suite.

LE PROGRÈS. C'est vrai... j'oubliais que pendant ton sommeil, je t'avais transporté dans ce pays.

LA ROUTINE. Eh bien ! vous avez eu là une fichue idée. (*Regardant.*) Au fait, mais il est très-joli ce pays... C'est un véritable jardin enchanté que je suis enchanté de connaître; dis-moi, est-il habité ?

LE PROGRÈS. Parbleu !... sans cela il serait inculte... il est habité par des femmes.

LA ROUTINE. Comment, par des femmes !...

LE PROGRÈS. Voilà l'histoire. Une maitresse femme ayant eu beaucoup à se plaindre de son mari, a fait insérer un article dans un journal, dans lequel elle appelait à elle toutes les victimes féminines du conjungo. Elle reçut bientôt de nombreuses visites. Une fois qu'elle eut réuni un assez joli nombre de filles d'Eve mécontentes de leur chaîne, elle leur proposa bravement de partir dans un nouveau monde où elles régneraient et vivraient en paix loin de leurs monstres de maris. La proposition fut acceptée, et le Pôle Nord fut choisi comme but de cette expédition.

LA ROUTINE. Je n'ose en croire mes oreilles. Ainsi ces dames sont les seules habitantes de ce pays ?...

LE PROGRÈS. Tu l'as dit.

LA ROUTINE. Et elles n'ont pas avec elles le moindre petit monsieur ?

LE PROGRÈS. Un seul. Mais ça n'est pas un homme, c'est un domestique, un ex-gardien du sérail.

LA ROUTINE. Oh! celui-là n'est pas dangereux.

SCÈNE II

LES MÊMES, BOBOLI.

BOBOLI, *tirant un coup de feu sur un oiseau.* Toi, mon bonhomme, fais ton testament. (*L'oiseau tombe.*)

LA ROUTINE, *qui a sauté au bruit du coup de feu.* Sapristi ! il n'est pas permis de vous faire des venettes comme celle-là, et si on n'était pas brave...

BOBOLI, *regardant la Routine avec stupéfaction.* Ah ! la drôle de bête !...

LA ROUTINE. Plaît-il ?

BOBOLI, *se tournant du côté du Progrès.* Eh bien ! et celle-ci. (*Visant la Routine.*) Ils vont compléter ma chasse.

LA ROUTINE. Eh ! là-bas, au nom de ce que vous avez de plus cher, ne lâchez pas le chien.

BOBOLI. Tiens ! il parle... Une bête qui parle... Bonne affaire pour la ménagerie de la reine.

LA ROUTINE. Comment ! il veut nous mettre dans une ménagerie... mais nous ne sommes pas des animaux, négrio !

BOBOLI. Ah ! bah ! alors qu'est-ce que vous êtes donc ?

LA ROUTINE. Nous sommes des hommes, saperlipopette !...

BOBOLI. Des hommes ! Mais alors comment êtes-vous ici ?

LA ROUTINE. Ah ! je serais bien embarrassé de vous le dire.

BOBOLI, *avec mystère.* Vous ne savez donc pas ?

LE PROGRÈS ET LA ROUTINE, *même jeu.* Non !

BOBOLI. Les hommes n'ont pas le droit de séjourner dans ce royaume où les femmes veulent régner sans partage.

LA ROUTINE. Ah ! bah... les mains m'en tombent des bras.

BOBOLI. Et il a été décrété que le premier homme qui aurait l'audace d'aborder dans cette île, on lui ferait passer le goût du pain d'épice.

LA ROUTINE. Sapristi !... sauve qui peut... Mais j'y pense. (*Il regarde Boboli.*) Vous me dites que les hommes sont exclus de ce pays, mais plus je vous regarde et plus il me semble...

LE PROGRÈS. Mais non, je comprends... le domestique dont je te parlais tout à l'heure.

LA ROUTINE. Ah ! oui... le... c'est lui. Je me disais aussi : il a une drôle de voix...

BOBOLI. Vous êtes avertis, vilains blancs... Ainsi vous n'avez que le temps de filer.

LA ROUTINE. C'est vrai, ne perdons pas une minute ; à quelle heure part le train pour Paris ?

BOBOLI. Quel train ?

LE PROGRÈS. Te crois-tu à Bougival ?

LA ROUTINE. Est-ce que je sais, moi... Le chemin de fer, le navire, le coucou, l'omnibus... comme vous voudrez.

BOBOLI. Il n'y a rien de tout cela ici.

LE PROGRÈS. Nous sommes venus par le câble transatlantique.

LA ROUTINE. Alors, partons par le même procédé.

LE PROGRÈS. Le câble s'est cassé.

LA ROUTINE. Bien ! me voilà dans un joli pétrin !... Je donnerais quarante sous pour être transporté au Jardin d'acclimatation.

LE PROGRÈS. Tu y serais peut-être à ta place, poltron !

LA ROUTINE. Poltron... Vous êtes bon, vous qui pouvez vous sauver... Vous avez un tas de trucs à votre disposition, et puis vous marchez si vite. Mais moi, pauvre vieux la Routine, mourir à la fleur de l'âge... j'ai eu soixante-cinq ans aux haricots rouges... Avouez que c'est du guignon.

BOBOLI. J'aperçois la reine et son cortége. Cachez-vous où vous êtes flambés.

LA ROUTINE. Flambés... Sapristi!... Nous cacher, très-bien, mais où ?... Je ne connais pas les êtres. Joli jeune homme, indiquez-moi un endroit, et je vous jure que je vous ferai un petit cadeau au jour de l'an.

BOBOLI. Cachez-vous dans ce bosquet. (*Il montre un bosquet à gauche.*)

LA ROUTINE. Merci, moricaud ; je ne serai pas ingrat, mais ne nous trahissez pas... (*Regardant le bosquet.*) Vous êtes certain qu'il n'y a personne dans ce bosquet ?

BOBOLI. Non... il n'y vient jamais que des serpents à sonnettes.

LA ROUTINE. Des serpents et des femmes !... Quelle perspective pour un vieillard grassouillet... Sapristi ! je me passerais bien de cette compagnie... Enfin ! (*Il entre.*)

SCÈNE III

BOBOLI, LA REINE, LA MINISTRE, SES AMAZONES.

CHŒUR.

AIR : *Nous avons des fusils* (*Horreurs de la guerre*).

Nous n'avons pas d' fusils,
Nous avons des arcs, je pense
Qu'ils sont aussi gentils,
Et font plus d' mal — ça compense ;
Pour faire aux ennemis
Endurer d' la souffrance,
Nos arcs sont plus gentils
Qu' des fusils.
Car nous sommes des femmes sauvages,

Qui vivons en paix loin de Paris;
On ne peut douter de nos courages,
Pour défendr' notre pays.
Nous n'avons pas d' fusils, etc.

(*Défilé. Exercices.*)

LA GÉNÉRALE. Halte... front! — Hein! comme c'est réglé!... les unes après les autres, et c'est toujours comme ça... (*A la Reine.*) Sa Majesté la Reine du Pôle Nord est-elle satisfaite?

LA REINE. Moi, je m'en fiche comme de l'an soixante-neuf. Mais il est de mon devoir de vous complimenter et de vous faire, en bégayant le moins possible, mon petit discours quotidien. (*A la générale.*) Tu vas voir, j'ai trouvé quelque chose de nouveau à leur envoyer. A force de lire les comptes rendus de réunions électorales, on finit par avoir un certain aplomb.

LA GÉNÉRALE. Fixe! .. Ne parlez pas dans les rangs!... Arcs bas!... La reine va faire une proclamation bien sentie. (*Toutes font la moue.*) Hein? Qu'est-ce que c'est?... Vous rechignez? Vous croyez peut-être que vous êtes venues dans cette île déserte, aussi tranquille que monotone, pour rigoler tout le temps.

TOUTES. Dam!...

LA REINE, *à part.* Aïe! mon peuple murmure... mais au fond je m'en bats l'œil. (*Haut.*) La première qui raisonne, je la fais arquer sur-le-champ pour faire un exemple. (*Silence.*)

LA GÉNÉRALE. Reine, on entendrait un hanneton compter ses écus.

LA REINE. C'est très-bien, j'y vais de mon discours. Soldates, je suis à peu près contente de vous. Cependant, depuis quelque temps, vous m'avez tout l'air d'avoir mis un léger crêpe à votre gaieté; il y a des soupirs dans l'air. Avez-vous à vous plaindre de votre reine? Parlez, je vous le permets.

PREMIÈRE AMAZONE, *s'avançant avec respect.* Non. Mais que voulez-vous, nous pensons quelquefois à Paris, à nos petits poulets de maris. Certes ils étaient bien désagréables par moments, mais pas toujours.

LA REINE. Assez... mettez une sourdine à votre guitare, vous allez devenir inconvenante. Regretter ses maris, des monstres qui avaient fait de vous des esclaves!

DEUXIÈME AMAZONE. Mais, Reine, il me semble que vous ne faites pas de nous autre chose!

LA REINE. Qu'est-ce à dire! Je fais de vous des *soldates* et non pas des esclaves.

DEUXIÈME AMAZONE. C'est à peu près la même chose.

LA REINE. Vous devriez être glorieuses de faire partie de ma garde mobile. Vous devriez être fières de défendre votre nouvelle patrie.

TROISIÈME AMAZONE. Nous aimerions mieux ourler les mouchoirs de poche de nos époux.

LA REINE, *avec colère.* Le pot-au-feu conjugal, pouah!

QUATRIÈME AMAZONE. Ça valait mieux que de faire la guerre aux bêtes féroces.

LA REINE. Vous faisiez bien la guerre à vos maris. Ça ne vous change pas beaucoup. — Allons, qu'on se taise, et plus vite que ça! (*A la Ministre.*) Avancez, madame la Ministre!

LA GÉNÉRALE. Reposez arc... rompez les rangs.

LA REINE. Pas le plus petit vaisseau à l'horizon?

LA MINISTRE. Pas même une barque.

LA REINE. Vous êtes certaine alors que notre retraite continue à être ignorée?

LA MINISTRE. Très-certaine.

LA REINE. Et qu'aucun homme n'a osé aborder au Nôle nord?

TOUTES. Ah!

LA REINE, *à la Ministre.* Avez-vous du nouveau? Je m'embête comme si j'étais payée pour cela.

LA MINISTRE. Non, Majesté, pas la moindre nouvelle à vous apprendre. Mon portefeuille est muet comme un aveugle.

BOBOLI, *toussant.* Hum! hum!

LA REINE. Qu'est-ce que c'est. (*Voyant Boboli.*) Ah! c'est toi... Pourquoi tousses-tu?

BOBOLI, *embarrassé.* Je suis enrhumé du cerveau.

LA REINE. Et ça te fait tousser. C'est singulier... (*Apercevant un chapeau et un sac de voyage sur le banc de gazon.*) Que vois-je!... un chapeau d'homme... une canne... un sac de voyage... Regardez, madame la Ministre, et expliquez-moi?

LA MINISTRE. Reine, je ne sais...

LA REINE. Il faut savoir. (*A ses femmes.*) Attention, vous autres; avancez à l'ordre!

LA GÉNÉRALE. Qu'y a-t-il?

LA REINE. Voici un chapeau et une canne qui nous prouvent que des hommes ont eu l'audace de pénétrer ici.

TOUTES. Des hommes! quel bonheur! ..

LA REINE. Comment quel bonheur! La première qui répète ce mot... (*tirant son poignard*) je lui brûle la cervelle avec ce poignard. Avez-vous si vite oublié nos conventions?... Il a été juré que le premier homme qui découvrirait notre retraite serait cuit tout vivant dans la marmite royale, et que nous le mangerions à la sauce piquante à notre repas du soir.

LA ROUTINE, *qui a passé la tête.* Nous sommes cuits!

QUATRIÈME AMAZONE. Manger un homme!... ça n'est déjà pas bon quand c'est cru, qu'est-ce que ça doit être lorsque c'est cuit?...

LA REINE. Et toi, Boboli, avance ici!

BOBOLI, *se courbant.* Reine!

LA REINE. J'ai remarqué tout à l'heure ton embarras. Tu dois savoir où sont cachés ces aventuriers.

BOBOLI. Mais...

LA REINE. Parle, ou je te fais couper en quatre.

LA ROUTINE, *sortant un peu du bosquet.* Ah! cette fois c'est fini...

LA REINE. J'ai entendu du bruit de ce côté.. Allez, mesdames, et voyez. (*Toutes les femmes s'élancent.*)

LA GÉNÉRALE. Reine, en effet, il y a deux hommes dans le bosquet de Diane.

LA REINE. Eh bien! qu'on leur lie les mains et qu'on me les amène. (*A Boboli.*) Quant à toi, Boboli, je ne sais ce qui me retient...

BOBOLI, *à genoux.* Reine, pardonnez...

PREMIÈRE AMAZONE. Voici les étrangers.

LA ROUTINE. Ah! enfin je vais connaître...

(*La Routine et le Progrès entrent escortés par les Amazones.*)

LA ROUTINE. Reine aussi belle que farouche, ne me faites pas de mal. Je ne suis pas méchant pour deux sous.

LA REINE. C'est bien. Nous allons voir ça. Qu'on se place. On va vous juger. Seulement je vous préviens à l'avance, vous êtes condamnés à mort.

LA ROUTINE. Alors (*avec dignité*) c'est la postérité qui me jugera.

LA REINE. Vos noms?

LA ROUTINE. Je m'appelle Adolphe.

LA REINE. C'est un joli nom, mais ce n'est pas celui-là que je vous demande.

LA ROUTINE. Je me nomme aussi la Routine.

LA REINE. Celui-là vous va mieux. (*Au Progrès.*) Et vous là-bas, le joli *june* homme?

LE PROGRÈS. Je suis le Progrès.

LA REINE. Je ne sais pas si vous êtes le Progrès, mais vous êtes joliment gentil... Vous avez un petit nez et de grands yeux : je ne vous dis que ça...

LE PROGRÈS. C'est assez.

LA REINE. Eh bien! si vous m'en croyez, mesdames, pour éviter des longueurs totalement inutiles, nous condamnerons sans plus de façon le vieux laid à être cuit et nous acquitterons le gentil.

TOUTES. Adopté!...

LA ROUTINE. Allons, je vois qu'il n'y aura pas eu trop d'hésitation. Voilà une affaire qui ne traîne pas.

LA REINE. Et pour ne pas faire souffrir plus longtemps le condamné, nous allons l'exécuter sur l'heure. Qu'on apporte la marmite royale et qu'on aille me cueillir quelques carottes pour accommoder ce vieillard qui doit être un dur à cuir.

LA ROUTINE. Les voraces, elles vont me mettre à la mode, ça triple mes chagrins.

ENSEMBLE.

AIR : *On va lui percer le flanc.*

Exécutons l' jugement,
Ran plan tire lire
En plan,
Il faut le cuire à l'instant,
Avec des p'tites carotes.

LA REINE, *à la Routine.*

Fallait pas qu' tu t'y frottes,
Ton action des plus sottes,
F'ra qu'tu seras sur-le-champ
Cuit avec des carottes.

REPRISE.

LA REINE. Condamné, tu n'as plus rien à dire?

LA ROUTINE. Je demande du temps; j'ai soixante-douze lettres à écrire.

LA REINE. Je t'accorde trois minutes; est-ce assez?

LA ROUTINE. Non, ça n'est pas assez.

LA REINE. Ah! ça n'est pas assez... alors je ne t'en accorde que deux.

LA ROUTINE. Cette reine du Pôle Nord a un cœur de glace!

LE PROGRÈS. Allons, mon pauvre vieux, tu n'as que le temps de me nommer ton légataire universel. Je te promets de ne pas être au nombre de ceux qui te mangeront.

LA ROUTINE. Fais le malin, va... Quand je pense que c'est son physique qui le sauve...!

LE PROGRÈS, *à la Reine.* Et moi, grande Reine, suis-je libre?

LA REINE. Non... reste... nous avons à causer.

LA ROUTINE. Aïe! Il va peut-être être plus puni que moi.

CINQUIÈME AMAZONE, *apportant un brasier et une énorme marmite.* Voici la marmite.

LA REINE. Et maintenant, allumez et ne perdez pas de temps.

LA ROUTINE. Allons, il n'y a plus d'espoir! (*Les femmes s'emparent de lui. Il monte dans la marmite. On allume le brasier.*)

ENSEMBLE.

AIR : *de la valse du Petit Faust.*

TOUTES, *valsant autour de la marmite.*

Allons, cuisez en paix, vieillard,
Au milieu de la danse,
N'ayez plus d'espérance,
Pour vous sauver il est trop tard.

LA ROUTINE, *dans la marmite.*

Sans pitié pour ma tristesse,
Vous vous livrez à l'allégresse.
Vous me montrez votre plaisir,
Au moment où je vais mourir.

TOUTES.

Il faut chasser loin la tristesse,
Amazones, valsons sans cesse,
Pour faire honneur au condamné,
Qui pour mourir jeune était né.
Allons, cuisez, etc.

(*Valse autour de la marmite. — Au loin, sur la mer, on aperçoit un petit vaisseau qui grossit peu à peu*).

CHŒUR, *à la cantonade.*

AIR : *Mon beau navire.* (Monpou.)

Vogue, mon beau navire,
Ton succès (*bis*) est certain;
Pour toi c'est un empire,
Nous touchons à la fin du chemin.

LA REINE.

Qu'entends-je?... Allons, faites silence,
Écoutez (*bis*),
Là-bas ce vaisseau qui s'avance,
Regardez (*bis*).
Ce sont des voix, ce sont des voix humaines,
Je le sens, je le sais;
Quoi, dans nos vastes plaines,
Vont venir (*bis*) des Français!

CHŒUR.

Français!

(*Un peu plus fort*).

Vogue, etc.

LA REINE. Mesdames, aux armes!

TOUTES. Aux armes!

LA GÉNÉRALE. Défendons notre pays.

LA ROUTINE. Sapristi! ça commence à chauffer!

LE PROGRÈS, *retirant le feu.* Allons, il était temps.

LA ROUTINE. Oui, je commençais à la trouver mauvaise.

LA REINE. Allons, mesdames, marchez devant. En qualité de reine, je marche derrière.

TOUS. Vive la reine! Aux armes!...

CHŒUR.

AIR : *Des Brigandes* (M. MEY).

Aux armes (*bis*)!
La guerre a pour nous bien des charmes,
Vite en campagne mettons-nous,
L'ennemi va sentir nos coups.
Allons, sans plus d'alarmes,
Répétons tous aux armes!
Aux armes (*bis*)!
Allons, vite aux armes!
Aux armes!
(*Évolutions.*)

ACTE IV

TREIZIÈME TABLEAU

LES THÉATRES A LA VAPEUR.

Le théâtre représente une feuille de journal, avec des caricatures de Gill.

SCÈNE PREMIÈRE

LA ROUTINE et LE PROGRÈS.

LE PROGRÈS. Allons, mon vieux compère, un peu de courage.

LA ROUTINE. En effet, il en faut pour vous suivre.

LE PROGRÈS. Nous voici arrivés.

LA ROUTINE. J'ai une phrase sur les lèvres, mais je n'ose pas vous la dire.

LE PROGRÈS. Pourquoi?

LA ROUTINE. D'abord parce qu'elle est vieille comme le monde, et qu'ensuite j'en ai abusé pour mon propre compte.

LE PROGRÈS. Bah! lâche-la tout de même, on sait que la langue française est pauvre en expressions, ce sera là ton excuse.

LA ROUTINE, *après un temps.* Allons... Eh ben! non, vrai, je n'ose pas.

LE PROGRÈS. Va donc...

LA ROUTINE, *appuyant.* Où sommes-nous?

LE PROGRÈS. La réponse vaudrà la demande. (*Même jeu.*) Regarde!

LA ROUTINE. Ah! que c'est drôle, ce mur tapissé de caricatures. Nous sommes chez un photographe.

LE PROGRÈS. Tu n'y es pas.

LA ROUTINE. Chez un peintre alors?

LE PROGRÈS. Pas tout à fait, nous sommes chez le roi des caricaturistes, chez Gill.

LA ROUTINE. Gilles le Ravisseur. Je l'ai connu à l'Opéra-Comique... C'était un drôle de pierrot, il chantait comme un merle.

LE PROGRÈS. Ça n'est pas chez celui-là.

LA ROUTINE. Alors ma perspicacité habituelle me dit que c'est un autre; mais pourquoi m'as-tu amené ici? est-ce pour me faire contempler ces nombreux dessins? en ce cas je vais peut-être t'étonner, mais j'aurais préféré aller en admirer d'autres au Louvre.

LE PROGRÈS. Je te crois sans peine. Non, mais nous sommes ici dans les bureaux d'un journal parisien né d'hier et qui pourtant est très-bien informé. Je compte sur sa complaisance pour nous présenter les ouvrages que les théâtres ont donnés cette année.

LA ROUTINE. La Revue des théâtres, nous y voilà donc! Je t'ennuie peut-être avec mes points d'interrogation, mais ça m'est égal. Explique-moi donc un peu pourquoi messieurs les vaudevillistes, qui se cassent généralement la tête pour trouver du nouveau, font toujours la même chose? Je ne sais, moi, mais si un directeur avait eu la bonne idée de me commander sa revue de fin d'année, il me semble que j'aurais placé la parodie des théâtres au prologue.

LE PROGRÈS. Tu aurais peut-être fait une bêtise; le public a ses habitudes et n'aime pas qu'on les lui change. Les innovations reçoivent rarement leur récompense, surtout que l'imprévu est un oiseau rare que l'on ne déniche pas souvent.

LA ROUTINE. Ton raisonnement est logique; mais pressons-nous si tu le veux.

LE PROGRÈS. C'est cela, nous allons mener les théâtres à la vapeur. As-tu ton carnet?

LA ROUTINE. Si j'ai mon carnet, je crois bien.

LE PROGRÈS. Alors il faut te préparer à prendre des notes... continue à être juste... figure-toi que tu es journaliste.

LA ROUTINE. Pour être juste il faut que je me figure tout le contraire.

LE PROGRÈS. Que dis-tu là?

AIR : *Restez, troupe jolie.*

Il fut un temps où des critiques,
Lorsque l'on ne les payait point,
Faisaient des articles caustiques;
Mais aussi ce temps est bien loin.
Dieu merci, ce temps est bien loin,
Nos journaux refusent l'aumône;
Et, sans faire plus d'embarras,
Chez eux, les élog's on les donne,
On les donne et ne les vend pas. (*Bis.*)

LA ROUTINE. Ah! je te vois d'ici, toi pas bête tu t'es dit qu'en chantant ce couplet bien senti tu te mettrais au mieux avec la presse.

SCÈNE II

LES MÊMES, LA PARODIE.

LA PARODIE, *entrant.* Ça n'est pas moi qui l'en blâmerai.

LA ROUTINE. Quelle est cette dame qui a su se ménager une entrée à effet?

LE PROGRÈS. Je te présente la Parodie, la nouvelle feuille qui doit nous aider à passer en revue nos théâtres.

LA ROUTINE. Madame, j'ai bien l'honneur; votre santé est toujours bonne, oui... (*Au Progrès.*) Dis donc je la trouve grassouillette, pour une feuille elle ne me paraît pas légère.

LE PROGRÈS. Il ne faut pas toujours se fier aux apparences. (*A la Parodie.*) Chère Parodie, je vous remercie à l'avance.

LA PARODIE. Il ne faut pas me remercier, en vous présentant les théâtres je ne fais que strictement mon devoir, je ne m'appelle pas la Parodie pour rien.

LE PROGRÈS. C'est vrai.

LA PARODIE. Je parodie tout ce qui s'offre à ma vue, les rentiers, les boursiers, les commerçants, les inventeurs, les poëtes, les romanciers, les artistes, les directeurs, les...

LA ROUTINE. Un instant je vous arrête. Ah! je vous vois d'ici, je vous parie un bon déjeuner pour nous trois au bouillon Duval que vous allez nous chanter un rondeau sur la parodie.

LA PARODIE. Eh bien! vous perdriez; je veux bien parodier les autres, mais je ne veux pas me laisser parodier par eux.

LA ROUTINE. Allons pas de paroles inutiles, passons la revue des théâtres sans tambours ni trompettes.

LA PARODIE. Je suis à vos ordres. Par quelle pièce commençons-nous?

LE PROGRÈS. Quel est le succès de l'année?

LA PARODIE. Oh! il n'en manque pas. Les théâtres ont été heureux, les Folies-Dramatiques surtout. Je vais nous présenter les deux meilleurs interprètes du *Petit Faust.* Méphisto et Valentin, paraissez.

SCÈNE III

LES MÊMES, MÉPHISTO ET VALENTIN.

MÉPHISTO et VALENTIN. Présents.

LA ROUTINE. Tiens, ce petit diable est assez gentil; mais son compagnon n'a aucune ressemblance avec Narcisse.

VALENTIN. Quoi! qu'est-ce que vous dites? crétin, avec votre Narcisse, je ne le connais pas; est-ce que c'était un guerrier de l'ancien temps?

LA PARODIE. Oui, mon cher Valentin, ne t'emporte pas. (*A la Routine.*) Il a un très-mauvais caractère; méfie-toi, il sait se servir de son coupechou.

LA ROUTINE. Ah! c'est un piou-piou. Je ne connaissais pas encore ce costume, c'est peut-être celui de la garde mobile.

VALENTIN. Quoi! l'est-ce que c'est que votre garde mobile? que je n'en fais point partie, que je suis Valentin, le joli Valentin, le petit frère de Marguerite.

LA ROUTINE, *cherchant.* Marguerite... Attendez donc? Je connais une femme qui porte ce nom-là; oui, c'est une blanchisseuse.

VALENTIN. Plus souvent, ma sœur une blanchisseuse, une cocotte, vous voulez dire...

LA ROUTINE. Ne vous fâchez pas, brave militaire, je confonds. Mettons que je n'ai rien dit. Il y a plus d'une Marguerite à la foire qui s'appelle Augustine.

VALENTIN. Que j'accepte volontiers vos excuses, jeune homme!

LE PROGRÈS, *riant.* Il appelle la Routine jeune homme...

VALENTIN. Que tel que vous me voyez de face et de profil, je fais pâmer d'aise, depuis six mois, les spectateurs des Folies-Dramatiques. J'ai eu la moitié du succès de cet ouvrage.

MÉPHISTO. Et moi l'autre moitié!

LA ROUTINE. Ce qui veut dire que les autres...

VALENTIN. Oh! les autres, ils ne comptent pas!

LA ROUTINE. Du moment que c'est vous qui le dites, je n'ai rien à répondre.

VALENTIN. Le Petit Faust est le plus grand succès de l'année.

AIR : *Des guerriers.* (Petit Faust.)

Depuis six mois, oui, le public vante
Le joli Valentin;
Avec succès chaque soir, moi je chante,
Je chante le même refrain.

LE CHŒUR.

Très-bien.

VALENTIN.

Lorsque la critique
D'applaudir une pièce se pique,
Elle applaudit les mots caustiques.

TOUS.

Mais quand il n'y a pas d' mots caustiques?

VALENTIN.

Alors les situations scéniques.

TOUS.

S'il n'y a pas d' situations scéniques?

VALENTIN.

Elle applaudit les mots comiques.

TOUS.

Quand il n'y a pas d' mots comiques?

VALENTIN (*parlé*). Ah! dam! quand n'y a pas d' mots comiques, elle fait comme pour le P'tit Faust.

VALENTIN.

Quand il n'y a pas d' mots comiques,
Ell' s' content' d'applaudir la musique!

LE CHŒUR.

On s' content' d'applaudir la musique.

VALENTIN.

C'est très-bien.

LE CHŒUR.

On écoute, on ne dit rien,
Sa musique a du chien,
C'est très-bien. (*Bis.*)

VALENTIN.

C'est très-bien,
De plaire j'ai le vrai moyen.

ENSEMBLE.

Depuis six mois, dam! ce vrai public vante,
Le joli Valentin!
Avec succès ce charmant guerrier chante,
Chante le même refrain.
Très-bien.

MÉPHISTO. Eh bien! et moi...

AIR : *Je suis Méphisto.* (Petit Faust.)

Je suis Méphisto, diable très-canaille,
J'ai beaucoup d'esprit, tous mes mots sont fins ;
Sans en avoir l'air sans cesse je raille,
Saluez en moi le roi des malins.
Faust est un nigaud, et c'est bien sans peine
Que ce vieux savant se damne par moi,
Dans divers endroits, oui, je le promène,
Sans qu'il me demande une fois pourquoi.
J'en fais un gandin, un être stupide,
Dans un bal public, où je l'ai conduit,
Il voit une femme ayant l'air timide
Et qui, sans pudeur, se fiche de lui.
A l'instant il veut consacrer sa vie
A cette beauté, sans perdre un instant
Il offre sa main ; crac ! il se marie,
Pour mieux se livrer à maître Satan.
Voici, mes amis, du P'tit Faust la fable,
Vous la connaissez ; et, sans contredit,
Ce livret, écrit beaucoup à la diable,
Laisse à désirer et manque d'esprit.
Qu'est-ce qu'un livret ? lorsque la musique
Charme le public, et, comme on l'a vu,
A su désarmer même la critique,
Comme un grand succès, dam ! Faust est reçu.
On prend pêle-mêle
Tous ses jolis airs,
Sa vogue rappelle
Orphée aux enfers.
Chacun dans la salle
Vient avec plaisir,
Pour louer sa stalle
Et mieux applaudir ;
Sans nulle vanité
Je vous dis la vérité.
Je suis Méphisto, etc., etc., etc.

LA ROUTINE. Il me va, ce petit diablotin, il a du chien... (*A Valentin.*) Quant à vous...

VALENTIN. Quoi t'est-ce que c'est?

VALENTIN. De quoi ? ous qu'il est son chien ? je ne le vois pas.

LA ROUTINE. Vous manquez peut-être un peu de tenue.

VALENTIN, *s'essuyant la bouche avec sa manche.* Moi, je manque de tenue? Allons donc ! que j'en ai une de tenue, qui vaut bien celle de vos fantassins ordinaires et extraordinaires.

LE PROGRÈS. Et puis vous ne chantez pas très-bien votre grand air.

LA PARODIE. C'est peut-être pour cela que l'on *a mis l'air* au premier acte.

VALENTIN. Je vous passe celui-là parce que vous êtes une femme du sexe féminin, mais n'y revenez plus. (*A Méphisto.*) Et nous en route pour la rue de Bondy.

MÉPHISTO. En route.

VALENTIN. Mais avant de partir, reprenons le chœur des guerriers pour nous donner un maintien, et n'oublions pas que nous *sont* à cheval.

REPRISE DU CHŒUR.

Depuis six mois, etc.

(*Sortie de Méphisto et de Valentin.*)

SCÈNE IV

LA ROUTINE, LE PROGRÈS, LA PARODIE, LE THÉATRE DU CHATEAU D'EAU *et* LES FOLIES-BERGÈRE.

LA ROUTINE. Mais j'y songe, il me semble que Faust a déjà été joué depuis longtemps.

LA PARODIE. Le grand Faust.

LE PROGRÈS. Il y a le grand et le petit, et tous deux ont le moyen.

LA ROUTINE. Continuons, S. V. P.

LA PARODIE. Je vais vous présenter d'abord un nouveau théâtre et un nouveau café-concert.

LA ROUTINE. Allez-y galement !

LA PARODIE. A moi le Théâtre du Château d'Eau et les Folies-Bergère.

ENSEMBLE.

Nous voilà, (*Ter.*)
Pour vous plaire
Et vous satisfaire,
Nous voilà, (*Ter.*)
Parlez (*bis*), nous sommes là.

LA ROUTINE. Ah ! voilà un ensemble qui comme moi n'est pas né d'hier ; pour des nouveaux théâtres, vous avez une drôle de manière de débuter ; vous auriez pu, ce me semble, choisir quelque chose de plus neuf.

LE THÉATRE DU CHATEAU D'EAU. Du neuf, je n'en veux pas entendre parler.

LA ROUTINE. Ah ! bah !

LE THÉATRE. *Mon but est de ressusciter l'ancien théâtre des Folies-Dramatiques...*

LA ROUTINE. *C'est singulier. Tous les théâtres qui ouvrent disent la même chose et se promettent* tous de ressusciter l'ancien théâtre des Folies-Dramatiques. Six mois après leur ouverture va te faire lanlair. Ils jouent tous le genre des Bouffes-Parisiens, comme s'ils n'avaient jamais fait que cela de toute leur vie.

LE PROGRÈS. Il faut bien marcher avec le siècle.

LA ROUTINE. Le siècle marche sur les mains comme un vrai sauteur. Ah ! c'est un joli cascadeur que votre siècle avec ses vélocipèdes et ses excentricités. Je demande qu'on l'enferme à Charenton. Il y sera en bonne compagnie.

LE PROGRÈS. Allons, bon ! te voilà lancé, tu vas dire des bêtises.

LA ROUTINE. C'est le siècle qui veut ça. (*Au Château d'Eau.*) Voyons ! jeune théâtre, où êtes-vous situé?

LE THÉATRE. Dans la rue de Malte.

LA PARODIE. En face les Magasins désunis qui masquent complétement sa façade.

LA ROUTINE. Les Magasins réunis, vous voulez dire.

LE PROGRÈS. Qui sont désunis maintenant.

LA ROUTINE, *au Progrès.* Encore une de tes idées anglaises qui a dû coûter cher à messieurs les financiers. Vos warants n'ont pas produit grand effet sur les Parisiens, et qu'est-ce que vous allez faire de ce grand diable de monument qui a l'air d'être le frère de la caserne? Ah ! vous avez perdu là une jolie place. Sur ce terrain on aurait pu bâtir quelques beaux théâtres et ressusciter de cette façon notre vieux boulevard du Temple.

LE PROGRÈS. C'est vrai. Que veux-tu, on n'a pas tous les jours de bonnes idées.

LA ROUTINE. Celle-là était si simple.

LA PARODIE. C'est justement parce qu'elle était simple qu'on ne l'a pas adoptée.

LA ROUTINE. Mais il me semble bien que rue de Malte nous avions déjà un théâtre ?

LA PARODIE. Le théâtre du Prince-Impérial.

LE THÉATRE. C'est le même.

LA ROUTINE. Ah ! c'est le même. Alors, pourquoi avoir changé son titre qui commençait à être connu?

LE THÉATRE. J'ai démoli complétement l'ancienne salle. Il était assez logique que je la débaptise.

LA ROUTINE. Et votre nouvelle salle est grande?

LE THÉATRE. Comme celle de la Porte-Saint-Martin. Et puis j'ai des galeries.

LA ROUTINE. Ah ! du moment que vous avez des galeries, je n'ai plus rien à dire.

LES FOLIES-BERGÈRE. Moi ! monsieur, je suis les Folies-Bergère.

LA PARODIE. Ainsi nommées, parce qu'elles se trouvent rue Richer.

LA ROUTINE. C'est une raison qui en vaut bien une autre.

LE PROGRÈS. C'est un simple café-concert.

LES FOLIES-BERGÈRE. Un café-concert, moi ! Allons donc ! Je joue des opérettes, et ma salle ressemble comme deux gouttes de kirsch à celle des Variétés.

LA PARODIE. Cependant on consomme chez vous.

LES FOLIES-BERGÈRE. Hélas ! pas assez...

LA ROUTINE. Ah ! ah ! les affaires ne vont pas...

LE PROGRÈS. Vous avez une jolie salle... bien située... Comment se fait-il que vous ne réussissiez pas ?

LES FOLIES-BERGÈRES. Comme vous, je m'en étonne.

AIR : *Il était une bergère.*

Cert's aux Folies-Bergère,
Et ron, et ron, petit patapon,
Le public ne vient guère ;
Pourtant j'y sers du bon,
Ton Ton,
Pourtant j'y sers du bon.
J'ai de belles chanteuses,
Et ron, et ron, petit patapon,
J'ai même des danseuses
Qui, gaîment dansent en rond,
Bon, bon,
Qui gaîment dansent en rond.
J'y donne des opérettes,
Et ron, et ron, petit patapon,
J'y chante des chansonnettes
Et de joyeux flons-flons,
Bon, bon,
Et de joyeux flons-flons.
Malgré toute ma peine,
Et ron, et ron, petit patapon,
On dédaigne ma scène
Et cela sans raison.
Ton Ton,

LA PARODIE. Enfin ! vous avez fait four.

LA ROUTINE. Ah ! si vous avez fait four.

AIR : *La Fanfare de Saint-Cloud.*

Dam ! ne vous étonnez guère,
Là, vrai, vous manquez de chic,
Et dans vos Folies-Bergère
S'embête trop le public.
Ne croyez pas que je raille,
Je l' dis sans aucun détour,
Vous ne voudriez pas que l'on aille
Se rafraîchir dans un four !

TOUS.

Vous ne voudriez pas qu'on aille
Se rafraîchir dans un four !

SCÈNE V

LES MÊMES, LE THEATRE UTILE.

LE THÉATRE UTILE, *rentrant, à la Routine.* Vous avez raison, monsieur, sapez ferme ces petits théâtres de carton qui ne jouent que des ouvrages frivoles.

LA ROUTINE, *au Théâtre utile.* Plaît-il ? c'est à moi que vous parlez?

THÉATRE-UTILE. Parbleu ! ça n'est pas à votre sœur.

LA ROUTINE. Ce nouveau venu a une drôle de façon de s'annoncer.

LE THÉATRE UTILE. Je suis le Théâtre utile.

LE PROGRÈS. Utile à qui ?

LA PARODIE. Pas à nous qui nous serions volontiers passés de votre présence.

THÉATRE UTILE, *à la Routine.* Écoutez-moi, monsieur ; comment vous appelez-vous ?

LA ROUTINE. Qu'est-ce que ça peut vous faire.

THÉATRE UTILE. Ecoutez-moi donc, monsieur, qu'est-ce que ça peut vous faire?

LES FOLIES-BERGÈRE. C'est un raseur.

LE THÉATRE DU CHATEAU D'EAU. Oh ! esquivons-nous avec prudence ; il n'est que temps. (*Les Folies et le Château d'Eau sortent.*)

SCÈNE VI

LES MÊMES, *moins* LES FOLIES-BERGÈRE ET LE THEATRE DU CHATEAU D'EAU.

LA ROUTINE, *allant pour sortir.* J'ai bien envie de filer aussi.

THÉATRE UTILE. Vous n'en ferez rien... Oh ! vous m'entendrez.

LA ROUTINE, *revenant sur ses pas.* Puisqu'il faut en passer par là.

LE PROGRÈS. Ça va être long ?

LA PARODIE. Une heure tout au plus ; c'est une conférence.

LA ROUTINE. Ça n'était pas sur la carte.

LA PARODIE. Il fait partie des suppléments.

THÉATRE UTILE. Attention ! (*plaçant devant lui une petite table.*) Ouvrez vos oreilles aussi grandes que possible et que pas une de mes paroles ne vous échappe.

LA PARODIE, *appelant.* Un verre d'eau sucrée pour un...

LA ROUTINE. Comment ?...

LA PARODIE. Pas de conférence sans verre d'eau sucrée, c'est une tradition.

LA ROUTINE, *avançant près du Théâtre utile.* Mais...

LE THÉATRE UTILE, *le repoussant.* Vous, mon bonhomme, allez vous asseoir.

LA ROUTINE, *s'asseyant.* Paye-t-on les chaises ?...

LA PARODIE. Non, ici tout est gratis, même les conférences.

LA ROUTINE. C'est heureux...

LE THÉATRE UTILE. Dites donc, avez-vous bientôt fini?

LA ROUTINE. Oui, allez-y; déroulez votre bobine, et je vous engage même à commencer par la fin.

LE THÉATRE UTILE. Ça m'est égal, je finirai par le commencement.

LA PARODIE. Ce qui prouve assez que ce qu'il va nous débiter n'a ni queue ni tête.

LE THÉATRE UTILE. Qu'est-ce que le théâtre, je vous le demande?

LA ROUTINE. Le théâtre c'est le miroir de la vérité.

LE THÉATRE UTILE. Voulez-vous taire un peu votre grelot, homme d'âge?

LA ROUTINE. Comment ça? vous m'interrogez, je vous réponds.

LE THÉATRE UTILE. Ne m'interrompez pas, vous n'avez que le droit d'approuver.

LA ROUTINE. C'est très-bien; j'approuve et je fais le mort. (*A part.*) Eh bien! vrai, je crois qu'un peu de savon ne ferait pas mal.

LE THÉATRE UTILE. Que jouent nos théâtres depuis dix ans?... Des pièces absurdes, qui n'ont ni commencement ni fin, pas d'esprit, pas de couplets... rien... absolument rien... et cependant jamais nous n'avons eu tant de spectacles. Quel est le répertoire courant? L'Œil crevé et son gendarme; Geneviève de Brabant et ses gendarmes; Chilpéric et son âne; la Belle Hélène, une cascadeuse qui fait cascader sa vertu; la Grande-Duchesse qui se toque d'un simple piou-piou, et qui le fait général; la Diva qui se suicide en chantant un air de polka; la Périchole, cette Manon Lescaut canaille; le Petit Faust, un savant qui ne parle pas en français. Oui, messieurs, voilà la littérature moderne... et vous allez applaudir tous les soirs de pareilles stupidités!

LE PROGRÈS. Dam! chacun prend son plaisir où il le trouve.

LE THÉATRE UTILE. Enfin vous faites du théâtre un amusement, vous allez dans une salle de spectacle pour rire... ou pour pleurer... pour vous amuser enfin..

LA ROUTINE. Ça me semble assez naturel.

LE THÉATRE UTILE. Non, monsieur, ça n'est pas naturel du tout. Lorsque vous avez vu une de ces pièces à cascades qu'est-ce qu'il vous en reste!... Allons, parlez?... (*A la Routine qui ne bouge pas.*) Mais vous voyez bien que je vous interroge.

LA ROUTINE. Puisque vous m'avez défendu de répondre.

LE THÉATRE UTILE. Tout à l'heure... mais maintenant?

LA ROUTINE. Ah! vous m'ennuyez à la fin.

LE THÉATRE UTILE. Voilà... je l'ennuie: parlez raison à un homme, et vous le faites bâiller. Voulez-vous connaître mon but?

LA ROUTINE. Je n'y tiens pas absolument.

LE THÉATRE UTILE. Mon but, monsieur, est d'anéantir à jamais le théâtre agréable. Place au Théâtre utile. Voilà deux cents ans et même davantage que vous nous écrivez les mêmes pièces, avec les mêmes mots, les mêmes couplets, les mêmes personnages. C'est toujours votre amoureux Arlequin, votre père noble, Cassandre, votre comique Pierrot.... votre mari dupé, Léandre..... votre amoureuse Isabelle. Votre soubrette Colombine; vous ne sortez pas de là, et à quoi cela vous mène-t-il?... (*Il boit.*)

LA ROUTINE. Ah ça! est-ce qu'il ne va pas se taire?

LE PROGRÈS. Il est remonté pour une demi-heure.

LA PARODIE. Si on lui cassait son grand ressort.

LE THÉATRE UTILE. Moi, monsieur... je veux que le théâtre devienne un enseignement et qu'on y aille comme on va à l'école: exemple: j'écris une pièce qui a pour titre: de l'Utilité de la machine à coudre!

LA ROUTINE. Ah! voilà un joli titre!

LE THÉATRE UTILE. Voici mon sujet! Une jeune fille n'a plus de ressources, elle va jeter son bonnet par-dessus le moulin rouge; mais au moment où elle va faillir, un courtier l'arrête et lui propose de lui vendre une machine à coudre, à raison de trente francs par mois... La demoiselle accepte, elle se met à l'ouvrage. Epilogue, quinze ans plus tard, mon héroïne est devenue millionnaire. Moralité, une jeune fille, pour rester sage et pour faire fortune, doit toujours avoir chez elle une machine à coudre.

LA ROUTINE, *se levant.* Assez... taisez-vous ou je vous mords!

LE THÉATRE UTILE. Qu'en dites-vous?

LA ROUTINE. Je n'en dis rien.

LE THÉATRE UTILE. Qui ne dit rien consent. Prêtez-moi seulement un petit million pour faire construire une immense salle de spectacle, que nous appellerons le Théâtre utile; je serai le directeur, j'aurai tous les bénéfices, j'écrirai les pièces.

LA ROUTINE. Eh bien! et moi?

LE THÉATRE UTILE. Je vous nommerai secrétaire particulier ou chef de claque à votre choix.

LA ROUTINE. Chef de claque, jamais!

SCÈNE VII

LES MÊMES, UN MONSIEUR BIEN MIS.

LE MONSIEUR. Ne pas médire des chefs de claque, monsieur; sans leur secours, les directeurs seraient souvent dans l'embarras.

LA PARODIE. C'est un peu vrai.

LE PROGRÈS, *au Monsieur.* Comment le savez-vous?

LE MONSIEUR. Parce que moi-même j'exerce cette profession.

LA ROUTINE. Vous, un chef de claque... ça n'est pas possible!

LE MONSIEUR. Pourquoi n'est-ce pas possible?...

LA ROUTINE. Un monsieur aussi bien mis, et puis vous avez de toutes petites mains, et je m'étais toujours figuré que, pour faire votre métier, il fallait avoir des battoirs.

LE MONSIEUR. Oh! je n'applaudis jamais.

LE PROGRÈS. Elle est forte!

LA PARODIE. Ce sont ses commis qui font la besogne.

LA ROUTINE. Ah! Monsieur a des commis, c'est différent.

LE THÉATRE UTILE. Cher chef de claque, voulez-vous me commanditer?

LE MONSIEUR. Je vais vous prêter cent mille francs.

LE THÉATRE UTILE. Cent mille francs! vous me sauvez la vie.

LA PARODIE, *à part.* C'est un homme mort.

LE MONSIEUR. Ah! à une condition.

LE THÉATRE UTILE. Laquelle?

LE MONSIEUR. Votre salle contiendra quatorze cents personnes. Eh bien! pour mes cent mille francs pendant vingt ans j'aurai tous les soirs droit à mille places.

LA ROUTINE. Voilà ce qui s'appelle traiter des affaires rondement.

LE THÉATRE UTILE. J'accepte.

LE MONSIEUR. Allons signer le traité. (*Le Monsieur et le Théâtre utile sortent en se cognant contre Lorin.*)

SCÈNE VIII.

LES MÊMES, *moins* LE THÉATRE UTILE *et* LE MONSIEUR, *puis* LORIN.

LORIN, *imitant Mélingue.* Ah! faites donc attention, citoyen, vous allez défriser ma jolie perruque blonde.

LA ROUTINE. Mais j'ai entendu cet organe-là quelque part.

LA PARODIE. C'est Lorin.

LA ROUTINE. Ah! c'est Lorin, je ne le connais pas.

LORIN. Vous ne me connaissez pas, moi, Lorin, le principal personnage du *Chevalier de Maison-Rouge.* Cependant j'en débite des tirades dans ce drame à spectacle. Maintenant que j'ai fait mon devoir je suis prêt à mourir. Attendez-moi, messieurs les Girondins, je veux aller casser ma dernière croûte avec vous.

LA ROUTINE. Comment, il va mourir et il songe à casser une croûte!

LORIN. Oui, citoyens, nous sommes tous comme ça chez les Girondins. Nous mourons pour notre patrie, mais nous ne voulons pas mourir de faim.

LA ROUTINE. Et vous avez du succès?

LORIN. Je le crois bien.

LE PROGRÈS. Blagueur!

AIR du *Premier Prix.*

Je dois l'avouer avec tristesse,
Au risqu' de n'être point poli,
Le dialogu' de votre pièce,
Sans vouloir médire, a vieilli.
Vraiment votre action est bien mûre,
Le spectateur la goûte peu;
Plus d'un a trouvé, j' vous assure,
Le Ch'valier de Maison-Rouge *bleu.*
Le Chevalier de Maison-Rouge est *bleu.*

LA PARODIE, *à Lorin.* Quant à vous, je vous dirai carrément votre fait, vous n'êtes plus assez jeune pour jouer ce rôle que vous avez créé.

LORIN. Si on peut dire; mais vous n'avez donc pas regardé ma jolie perruque blonde...

SCÈNE IX.

LES MÊMES, UN JEUNE PREMIER.

REPRISE

LE JEUNE PREMIER, *imitant Laferrière.* Oui, mon cher, cette jeune personne a raison, vous n'êtes pas assez jeune pour reprendre le rôle de Lorin, il fallait le laisser à un autre. Moi seul je pouvais rejouer sans crainte celui de Maurice. Je l'ai créé et je n'ai pas vieilli... je ne vieillirai jamais.

LA ROUTINE. Ah! je vous reconnais... regardez-moi un peu... C'est vrai, toujours le même. Où jouez-vous en ce moment?

LE JEUNE PREMIER. Je ne joue nulle part! je suis trop occupé.

LA ROUTINE. Occupé à quoi?

LE JEUNE PREMIER J'écris mes Mémoires.

LA PARODIE. Comme Rigolboche.

LE PROGRÈS. Et Mogador, *ça sera brillant.*

LA ROUTINE. Ça sera certainement intéressant, car vous devez avoir vu tant de choses.

LE JEUNE PREMIER. Je vous recommande, si toutefois vous lisez mon ouvrage, ma campagne de Russie, où je casse du sucre sur mes petits camarades.

LA ROUTINE. Vous cassez du sucre?

LE PROGRÈS. Quelle est la signification de ce terme d'épicier?

LE JEUNE PREMIER. Casser du sucre veut dire éreinter.

LORIN. Si tu dis un seul mot je me fâche, et je t'avertis que je suis rageur et que j'ai une épée de onze mètres soixante, que je manie habilement dans les grandes occasions.

LE JEUNE PREMIER. Et moi n'a-i-je pas à mon service le fameux poignard d'Antony et le terrible pistolet de Paul Jones?

LA ROUTINE. Vous allez voir que ça va finir mal.. jeu de mains... Voyons, mon cher jeune premier, dites-moi un peu si dans vos Mémoires vous faites connaître votre âge à vos lecteurs?

LE JEUNE PREMIER. Je m'en garderais bien.

LA ROUTINE. Pourquoi?

SCÈNE X

LES MÊMES, VERT-VERT.

VERT-VERT, *entrant.* Parce que l'on n'a jamais que l'âge que l'on paraît.

LA ROUTINE. Quel est ce petit jeune homme frais et rose?

LA PARODIE. Ce petit jeune homme est une femme.

LE PROGRÈS. Une femme!

VERT-VERT. Oui, une femme, une comédienne qui depuis cinquante ans fait les délices du public.

LA ROUTINE. Attendez donc... J'y suis; vous êtes Indiana, Frétillon, Lisette, Richelieu, Voltaire, etc., etc.

VERT-VERT. Et Vert-Vert; vous m'avez reconnue enfin.

LA ROUTINE. Si je vous ai reconnue, je le crois bien!... Mais me voilà en pays de connaissances... Quand je pense que tous trois vous êtes peut-être plus vieux que moi et que j'ai l'air d'être votre père.

LE PROGRÈS. Oh! cela c'est bien vrai.

LA ROUTINE. Vous surtout, cher Vert-Vert.. vous paraissez avoir...

VERT-VERT. Non, je vous en prie, ne le dites pas, je parais avoir quinze ans. Voilà vingt ans qu'on me fait le même compliment, je commence à y être habituée... il faudrait tâcher de varier un peu.

LA PARODIE. Dame! que voulez-vous qu'on vous dise?

LE PROGRÈS. Vous ne vieillissez pas. C'est à croire que vous avez passé un pacte avec la jeunesse.

VERT-VERT. Votre supposition n'a rien d'impossible.

TOUS. Comment cela?

VERT-VERT. Écoutez.

AIR : *Où je me suis trompé de route* (BIEN D'AUTRUI).

Est-ce une vision dorée
Un songe pour moi plein d'espoir,
Une nuit une belle fée
M'apparut sous un voile noir
Elle me dit : Moi la jeunesse,
A t'entendre j'ai du plaisir,
Et si tu veux chanter sans cesse,
Je ne te ferai pas vieillir.
Et selon son désir
Ne voulant pas vieillir,
Mes amis, je chante
Les nuits et les jours,
Ma voix est charmante
Et fraîche toujours.
Aussi la jeunesse
Epargne mes appas
Et tient sa promesse,
Je ne vieillis pas,
Je chante sans cesse
Et ne vieillis pas.

LA ROUTINE. Tant mieux, morbleu! les grandes comédiennes sont rares. Espérons que vous chanterez encore longtemps.

LE PROGRÈS. Parbleu.

AIR : Joconde.

Indiana, Frétillon, Lisette
N'aime pas à parler raison,
Aussi chacun de nous la traite
Comme fille de la chanson.
En l'entendant chacun s'écrie
Que sa voix est douce et jolie,
Un rossignol, sans contredit, } *bis.*
Dans son gosier a fait son nid. }

CHOEUR.

VERT-VERT. N'ai-je pas raison?

AIR : *N'y a pas d' mal à ça.*
Vert-Vert, (*ter*).

Momus, un gai dieu sans façon,
Pour nous plair' créa la chanson
Sans rime ni raison (*bis*).
Il nous fait gaîment le fêter,
Et pour le remercier, chanter
Que nos joyeux refrains
Etouffent nos chagrins.
Avec une chanson jolie,
Mes enfants, souvent on oublie;
Chanter c'est la vie,
Allons, allons,
Chantons, chantons,
Et vivent les flons-flons;
Il faut chanter la folie
Bon,
Vivent les flons-flons.

2.

Hélas! puisque les jeunes gens
Ne chantent plus, c'est un sign' du temps.
Plaignons ces grands enfants,
Ces blasés de vingt ans.
Mais nous que l'on traite de vieux,
Pour rester bien plus jeunes qu'eux,
Comme dans le bon temps,
Oui, répétons nos chants.
Chantons nos bons vieux airs sans cesse,
Pour leur prouver notre allégresse,
Ah! chantons sans cesse
Tant que nous vivrons,
Oui, nous chanterons,
Ces joyeux flons-flons
Ressuscitent notre jeunesse,
Bon,
Vivent les flons flons.

REPRISE ENSEMBLE.

(*Sortie de Vert-Vert, de Lorin et du Jeune Premier.*)

SCÈNE XI

LA ROUTINE, LE PROGRÈS, LA PARODIE.

LE PROGRÈS. Allons, ça m'a fait plaisir de revoir ces vieux acteurs que l'on ne remplacera pas de sitôt.

LA ROUTINE. Voyons! qu'allez-vous nous montrer encore? Maintenant parle-moi des succès.

LE PROGRÈS. Tu l'as dit...

AIR :
De la Liberté des théâtres (*Hervé.*)

Nous avons eu de grands succès,
Et cette année, oui, nos théâtres
Donnent des ouvrages folâtres,
Des opéras et des ballets.
Nous avons eu *la Parvenue*,
Jouée au grand Théâtre Français;
Cette pièce n'est parvenue
Qu'à mériter un d'mi-succès.
Puis *la Petite Fadette* est
Chantée à l'Opéra-Comique,
Mais cette fois c'est la musique
Qui fit un grand tort au livret.
Passons vivement au Gymnase,
Bravo! disons sans contredit,
Que, malgré le public qui se blase,
Frou-frou fit d' l'argent et du bruit.
A l'Odéon, c'est *le Bâtard*,
Un bel ouvrage littéraire,
Le vrai public devient son père
Car il l'adopte sans retard.
Aux délassements, *les Brigandes*,
Aux Variétés, *les Brigands*;
Mais les affidés de ces bandes
Sont fort drôles et pas méchants.
Puis vient un succès moins banal,
Le Bal masqué vite nous tente;
Grâce à sa musique entraînante,
On se croirait au carnaval.
L'Athénée, un nouveau théâtre,
Est sauvé par *Crispin docteur*,
Qui ne lui pose pas d'emplâtre,
Son remède est la bonne humeur.
Le plus grand succès, sans détour,
Se trouve à la Gaîté; *la Chatte*!
Cette féerie, ça m'épate!
Fait des recettes tous les jours!
Ce qui prouve à notre jeunesse,
Qu'il faut se donner peu d'efforts
Pour mettr' de l'esprit dans les pièces
Qui vivent avec des décors!
Oui, pour assurer vos recettes,
Ayez une étoile du jour,
Qui dise une ou deux chansonnettes,
Et vous ne ferez jamais four.
Si vous voulez faire merveille,
Il faut d'abord charmer les yeux;
Si vous pouvez plaire à l'oreille,
La pièce n'en vaudra que mieux.
Je t'ai cité tous les succès
Conquis par nos joyeux théâtres,
Grâce à des ouvrages folâtres
Et véritablement français.

REPRISE ENSEMBLE.

LA ROUTINE. Je n'en reviens pas. Ainsi c'est la Chatte Blanche qui a eu la palme.

LA PARODIE. C'est-à-dire qui a fait les plus belle recettes.

LA ROUTINE. Sapristi! je voudrais bien me payer cette féerie.

LA PARODIE. Je puis t'en faire voir quelques tableaux.

LA ROUTINE. Vraiment? Combien cela me coûtera-t-il? Vingt francs, deux fauteuils en location.

LE PROGRÈS. Vingt francs! c'est bien cher pour aller à la Gaîté...

LA PARODIE. Mais en louant, vous avez droit à un boisseau de charbon gratis.

LA ROUTINE. Avec ce système-là, ils vont brûler le théâtre.

LA PARODIE. Reste, et je m'engage à te montrer la pièce sans sortir de chez-moi. Vois plutôt.

QUATORZIÈME TABLEAU

LE THÉATRE DE LA PARODIE

Le théâtre représente un petit théâtre. Le rideau est baissé. Sur le rideau on lit : ce soir grand succès la Petite Chatte blanche.

LA ROUTINE. Qu'est-ce que c'est que ça? Mais nous sommes au théâtre Guignol!

LA PARODIE. Oh! ne me faites pas cette injure. Vous êtes devant le théâtre de la Parodie.

LE PROGRÈS. Explique-toi.

LA PARODIE. Comme je n'ai pas le temps de me déranger pour rendre compte des ouvrages que donnent les théâtres, je me les fais jouer à domicile par des petits acteurs spécialement engagés par moi.

LE PROGRÈS. Comment! des petits acteurs?

LA PARODIE. Des enfants?

LA ROUTINE. Comme à l'ancien théâtre Comte où je me suis amusé tant de fois. Ah! c'est là qu'on a donné de jolies féeries.

LA PARODIE.

AIR : *Pantin de Violette.*

Sur ma scène tout est petit;
Petits acteurs, sans contredit,
Petits auteurs pleins de moyens,
P'tits chefs-d'orchestr', p'tits musiciens,
P'tits accessoires, petits décors,
P'tits trucs marchant sans efforts.
Tout est petit, et cependant
Le succès quelquefois est grand.

LA ROUTINE. Allons! vous me tentez, et j'accepte votre invitation. Ça va-t-il bientôt commencer? (*On frappe.*)

LA PARODIE. Ces trois coups te répondent pour moi, plaçons-nous. Comme vous avez des faveurs! Je crois que je ferai bien de vous surveiller, sans cela vous allez attraper la pièce.

QUINZIÈME TABLEAU

LA PETITE CHATTE BLANCHE.

Le petit théâtre représente un intérieur de ferme.

—

SCÈNE PREMIÈRE.

LA ROUTINE, LE PROGRÈS, LA PARODIE, *assis de chaque côté;* BLANCHETTE, *sur la scène.*

BLANCHETTE. Pauvre Blanchette! te voilà chassée, où vas-tu aller? Que vas-tu faire? Quand finiront tes pénibles épreuves? Est-ce de ta faute si tu as été aimée par Petit-Patapon, le fiancé de Pierrette?... Oh! mon Dieu! que je suis malheureuse!

LA ROUTINE. J'ai envie de l'adopter, cette petite, elle m'intéresse.

LA PARODIE. Tais-toi donc! N'interromps pas mes acteurs!

SCÈNE II.

LES MÊMES, LA FÉE DES BRUYÈRES, *en mendiante, porte un petit cotret sur son dos.*

LA FÉE. Oh! je n'aurai jamais la force de porter ce lourd fardeau jusqu'à la ville!

BLANCHETTE. Pauvre vieille!... Attendez, je vais vous aider.

LA ROUTINE. Oh! la vieille!... Voilà une ficelle qui était déjà usée de mon temps.

LE PROGRÈS. Si tu continues à faire des observations, tu vas te faire mettre à la porte!

BLANCHETTE, *donnant son bras à la Fée.* Appuyez-vous sur moi, pauvre femme!

LA FÉE. J'ai bien soif!

BLANCHETTE. Attendez, j'ai là une jatte de lait.

LA FÉE. Mais c'est ton déjeuner que tu m'offres.

BLANCHETTE. Prenez... Je n'ai pas faim.

LA FÉE. Oh! c'est singulier!

BLANCHETTE. Quoi donc?

LA FÉE. Je vois tant de choses dans ce lait.

BLANCHETTE. Que voyez-vous?

LA ROUTINE. Elle va lui dire sa bonne aventure.

LA PARODIE. Silence au parterre!

LA FÉE. Pauvre petite, vous avez déjà eu bien des malheurs!

BLANCHETTE. C'est vrai!

LA FÉE. Vous aimez un prince et vous êtes aimée... mais votre amoureux est prisonnier.

BLANCHETTE. Prisonnier?...

LA FÉE. Il faudrait beaucoup de courage pour aller le délivrer.

BLANCHETTE. Oh! si j'étais un homme...

LA FÉE. Que ferais-tu?

BLANCHETTE. Je braverais tous les périls pour rendre la liberté à celle que j'aime.

LA FÉE. Sois satisfaite. (*Blanchette est changée en seigneur.*)

BLANCHETTE. Que vois-je? Je suis transformée des pieds à la tête. Qui êtes-vous donc pour accomplir de tels miracles?

LA FÉE, *qui devient jeune.* Regarde!

BLANCHETTE. Une Fée?

LA FÉE. La Fée des Bruyères, qui a été attendrie par tes malheurs et qui te protégera. Tu t'appelles maintenant le Prince-Fidèle.

SCÈNE III.

LES MÊMES, PETIT-PATAPON.

PETIT-PATAPON, *entre par le fond.* Mamz'elle Blanchette! mamz'elle Blanchette! si vous n'y êtes pas, dites-le. (*Voyant la Fée.*) Oh! la jolie demoiselle! Mais comme elle est drôlement nippée! (*Se retournant.*) Oh! le beau seigneur! (*Saluant.*) Monsieur!... Ah! ciel!...

BLANCHETTE. Quoi donc?

PETIT-PATAPON. C'est-y Dieu possible? Vous qu'étiez une femme il y a une heure, vous êtes un homme maintenant!

BLANCHETTE. Je m'appelle le prince Fidèle.

PETIT-PATAPON. Oh! le joli petit nom!

LA FÉE. Veux-tu être son écuyer?

PETIT-PATAPON. Écuyer, ça me botterait assez!

LA FÉE. Sois satisfait! (*Petit-Patapon est changé en écuyer.*)

LA ROUTINE. Voilà une Fée qui fait bien les choses. Elle habille les gens sans avoir besoin de prendre mesure.

PETIT-PATAPON. Oh! le joli costume!

LA FÉE. Et maintenant, bon courage!... prends ce talisman, il te protégera. (*Elle lui donne une bague.*) Au revoir! je veille sur toi! (*Elle sort par le fond.*)

BLANCHETTE. Et maintenant, si tu m'aimes... suis-moi!...

PETIT-PATAPON. Au bout du monde si vous voulez.

SCÈNE IV.

LES MÊMES, PIERRETTE.

PIERRETTE. Oùsqu'il est mon Petit-Patapon?

PETIT-PATAPON, *à part.* Pierrette c'est le moment de faire mon malin.

PIERRETTE. Jarnigué! j'ai la berlue!

LA ROUTINE. Ah ça! est-ce qu'ils vont passer leur temps à être surpris!

LA PARODIE. Dame! une féerie, c'est une pièce à surprises.

PETIT-PATAPON, *avec importance.* Oui, petite, c'est moi!

PIERRETTE. Oh! comme vous êtes biau!... c'est-y à vous tous ces jolis habits?

PETIT-PATAPON. Mais z-oui, mais z-oui. Allons! lâchez-moi l' coude, je vais chercher le bonheur dans une autre patrie!

PIERRETTE. Vous partez?

PETIT-PATAPON. Oui, je vous lâche d'un joli cran.

PIERRETTE. Où ça que vous allez?

PETIT-PATAPON. Si on vous le demande, vous répondrez que vous ne le savez pas. Adieu! (*Il sort.*)

SCÈNE V.

LES MÊMES, *moins* BLANCHETTE *et* PETIT-PATAPON.

PIERRETTE. Mais c'est qu'il s'en sauve, le monstre! Il me délaisse! Pauvre Pierrette! que je suis malheureuse!

LA ROUTINE. En voilà une féerie! c'est toujours la même chose! Tous les personnages passent leur temps à dire qu'il sont malheureux! J'ai bien envie de lui offrir un gâteau pour la calmer.

LA PARODIE. A la porte, la cabale!

PIERRETTE. Si on m'interrompt encore, je sors de la scène, et puis d'abord on ne m'a pas fait mon entrée; lorsqu'on donne deux cents francs par jour à une chanteuse, on doit toujours l'applaudir lorsqu'elle entre.

LA PARODIE. C'est vrai!

LA ROUTINE. Vous donnez deux cents francs par jour à cette petite?

LA PARODIE. Elle m'en rapporte deux mille! Elle a le succès de la soirée.

LA ROUTINE. Ah! bah!

PIERRETTE. Voulez-nous me laisser continuer maintenant?

LA ROUTINE. Allez, petite étoile!

PIERRETTE. Où en étais-je? Ah! je me souviens!... Que je suis malheureuse! je vais aller me jeter dans la mare aux grenouilles.

LA ROUTINE. Pauvre petite!

PIERRETTE.

Qu'est-ce que j'ai donc fait à la chance?
J' pleure sans éplucher des oignons,
Ça n'est pas sans raison, je pense,
Car j'ai le plus grand des guignons.
J' n'arroserai plus de citrouilles,
Adieu tout l' monde; j' n'ai plus d'espoir,
Et j' vas dans la mare aux grenouilles
Mettre une fin à mon désespoir.
Adieu, tout l' monde, j' n'ai plus d'espoir,
J' n'arroserai plus d' citrouilles;
Et j vais m' jeter par désespoir
Dans la mare aux grenouilles!

SEIZIÈME TABLEAU

(*Le théâtre s'ouvre et laisse voir la fée dans une étoile.*)

LA FÉE. Pierrette!

PIERRETTE. Qu'est-ce qui m'appelle?

LA ROUTINE. Encore la fée! Est-ce qu'elle va apparaître comme ça pendant toute la pièce?

LA FÉE. C'est moi!

PIERRETTE. Oh! c'te dame qu'est perchée là-haut comme un oiseau.

LA FÉE. Je suis la fée des bruyères.

LA ROUTINE. Elle l'a déjà dit.

LA FÉE. Le grand amour que tu ressens pour Petit-Patapon m'a émue. Prends cette écharpe, c'est un talisman qui te conduira tous les jours, mais pendant une heure seulement, auprès de celui que tu aimes! au revoir! (*Elle disparaît.*)

PIERRETTE. En v'là une veine qu'est pas piquée des vers à soie. Un talisman, à moi, Pierrette! (*Elle sort.*)

AIR : *Les Bibelots du Diable.*

Ah! je possède un talisman,
A tant d'honneur je suis sensible;
Avec c't' objet est-ce possible?
J'irai souvent près d' mon amant.
Tous les jours je le verrai,
En tous lieux je le suivrai,
D' mon écharp', suivant la loi,
Il se rendra devant moi.
Pour Pierrett' quelle joie extrême,
Voir chaque jour l'homme qu'elle aime;
J'en tressaille de plaisir
Et je ne song' plus à mourir.
Pour mon cœur, } *bis.*
Quel bonheur! }
Il bat avec fureur.
Oh!
Oui, je possède... etc.,

AIR : *Des canards.*

Quoi pour revoir mon amoureux,
Je serai cane, c' n'est pas heureux;
Je changerai d' forme chaque jour,
Est-ce là que doit conduire l'amour?
Vraiment j' n'éprouverai pas l' besoin
D' faire coin-coin, coin-coin.
Vêtue ainsi je n' serai pas bien.
Trou la la, la, etc.
(*Tyrolienne.*)

LA ROUTINE. Bravo! bravo! si j'avais un bouquet, je le lui jetterais.

PIERRETTE. Ah! mon Dieu!

TOUS. Quoi donc?...

PIERRETTE. L'émotion... je ne sais... je ne trouve rien. (*Tous les personnages entrent. Le rideau baisse.*)

LA ROUTINE. Quel événement!

LA PARODIE. Je vais voir!

LE PROGRÈS. Ah! voici le rideau qui se lève!

PETIT-PATAPON, *entrant et faisant des saluts* Messieurs, mesdames, mademoiselle Réséda venant de se trouver subitement indisposée, nous sommes forcés de ne pas continuer la représentation. On va vous remettre des contremarques pour demain. (*Le rideau.*)

LA PARODIE. Oh! les étoiles! les étoiles!

LA ROUTINE. Moi qui aurais tant voulu voir le pays des oiseaux!

LA PARODIE. Sois satisfait.

DIX-SEPTIÈME TABLEAU

LE PAYS DES OISEAUX

APOTHÉOSE

RONDE FINALE

De la Revue de 1869.

REFRAIN.

A Saint-Pierre!
Pas moyen de s'ennuyer,
Où va-t-on pour se distraire?
Où va-t-on pour s'amuser?
A Saint-Pierre!

I.

Chacun vante ses marchandises,
Un théâtre des moins fêtés,
Et qui ne joue que des reprises,
Se fait appeler les Nouveautés!

II.

Un théâtre, bien nommé, certes,
C'est celui des Menus-Plaisirs;
Car dans sa sall' toujours déserte,
On a de bien menus plaisirs.

III.

Une nouvelle direction s'installe
Au théâtre des Délassements,
Depuis c' temps seul'ment dans la salle
On voit venir beaucoup de gens.

IV.

On dit que bientôt la justice
Va réformer l' code pénal,
Et qu'au lieu du dernier supplice,
Faudra voir l'Hérita g' fatal.

V.

Sur le group' Carpeaux, taché d'encre,
On fait des conjectures sans fin,
Moi, je sais bien qu'est-ce qu'a j'té l'encre,
C'lui qu'a j'té l'ancre est un marin!

VI.

Je ne sais pas si c'est un rêve,
Ou le plus bête des concours.
On dit qu' les femmes vont s' mettre en grève,
C'est pas drôle pour les bonn's d'enfants.

VII.

L' nouveau compteur kilométrique
A trouvé son imitateur,
L'autre jour j'avais la colique,
On m' prend quatr' sous, grâce au compteur.

VIII.

Dans plus d'un journal, sans reproche,
Ce qu'il y a d' mieux, c'est le papier.
J'en ai toujours un dans ma poche,
On n' sait pas ce qui peut arriver.

IX.

L' voyage d'Egypte ne m' tente guère
L'isthme de Suez a bien son prix,
Mais j' crois qu' pour voir des dromadaires,
N'y a pas besoin d' quitter Paris!

VERT-VERT, *au public.*

AIR : *de la ronde.*

Nous espérons pour cette année
Que nous serons des mieux reçus,
Notre revue est annoncée
Oh! n'allez pas *taper dessus.*
Bien vrai, sans fausse modestie,
Je crois qu'*Tout Paris la verra,*
J'entends déjà l' public qui crie:
Allons-y! Faut nous payer ça.
Comme moi, bientôt je l'espère,
Vous chanterez certainement:
Mes amis, allons à Saint-Pierre!
Vous en aurez pour votre argent.

REPRISE.

Le rideau baisse.

FIN.

Paris, — Imp. Morris père et fils, 64, rue Amelot.

www.ingramcontent.com/pod-product-compliance
Lightning Source LLC
LaVergne TN
LVHW010257230826
846091LV00007B/3025

* 9 7 8 2 0 1 3 6 9 9 8 6 0 *